ÁGIO PAGO PELO SÓCIO CONTROLADOR

Filiais

Sede: Rio de Janeiro
Rua Octávio de Faria, n° 81 – Sala 301
CEP: 22795-415
Recreio dos Bandeirantes
Rio de Janeiro – RJ
Tel. (21) 3933-4004 / (21) 3249-2898

Maceió
(Divulgação)
Cristiano Alfama Mabilia
cristiano@lumenjuris.com.br
Maceió – AL
Tel. (82) 9-9661-0421

São Paulo
(Distribuidor)
Rua Sousa Lima, 75
CEP: 01153-020
Barra Funda – São Paulo – SP
Telefax (11) 5908-0240

Telírio Pinto Saraiva

ÁGIO PAGO PELO SÓCIO CONTROLADOR

Fundamentos Tributários e Contábeis

Editora Lumen Juris
Rio de Janeiro
2022

Categoria: Direito Financeiro e Tributário

Produção Editorial
Livraria e Editora Lumen Juris Ltda.

Diagramação: Alex Sandro Nunes de Souza

Impresso no Brasil
Printed in Brazil

CIP-BRASIL. CATALOGAÇÃO-NA-FONTE

S243a

Saraiva, Telírio Pinto
Ágio pago pelo sócio controlador : fundamentos tributários e contábeis / Telírio Pinto Saraiva. – Rio de Janeiro : Lumen Juris, 2022.
172 p. ; 21 cm.

Inclui bibliografia.

ISBN 978-85-519-2052-7

1. Direito tributário - Brasil. 2. Imposto de renda - Legislação. 3. Imposto de renda - Deduções. 4. Ágio (Operações financeiras). 5. Contabilidade. I. Título.

CDD 343.8104

Ficha catalográfica elaborada por Roge Cavalcante da Silva CRB-8/010483

Para minha companheira, Adriana,
meus amados pais, Delma e Telírio, e
minha querida vó Lena.

Sumário

Lista de Siglas

CARF – Conselho Administrativo de Recursos Fiscais

CFC – Conselho Federal de Contabilidade

CPC – Pronunciamento Técnico do Comitê de Pronunciamentos Contábeis

CSLL – Contribuição Social sobre o Lucro Líquido

CVM – Comissão de Valores Mobiliários

ICPC – Interpretação Técnica do Comitê de Pronunciamentos Contábeis

IFRS – International Financial Reporting Standards

IRPJ – Imposto sobre a Renda das Pessoas Jurídicas

ITG – Interpretação Técnica Geral

MCA – Método do Custo de Aquisição

MEP – Método da Equivalência Patrimonial

NBC TG – Norma Brasileira de Contabilidade Técnica Geral

OCPC – Orientação Técnica do Comitê de Pronunciamentos Contábeis

PPA – *Purchase Price Allocation*

RFB – Receita Federal do Brasil

RTT	–	Regime Tributário de Transição
SEP	–	Superintendência de Relações com Empresas
SNC	–	Superintendência de Normas Contábeis e de Auditoria;

Prefácio

É uma honra poder prefaciar essa obra muito interessante - Ágio pago pelo Sócio controlador: Fundamentos Tributários e Contábeis – da lavra de Telirio Saraiva e que com certeza será de extrema valia para tornar mais claro esse tema tão controverso que envolve o aproveitamento de ágio. Isto por várias razões que o cercam.

Trata-se, sem favor algum, de um trabalho sério e meditado, que sem dúvida, vem preencher uma lacuna no estudo sobre a tributação relativo ao tema. A começar pela qualificação do seu autor, que por muitos anos tive o prazer de trabalhar em contencioso e consultoria tributária dos mais diversos assuntos, de onde foi exposto a conhecimentos e vivência inestimáveis para bem escrever sobre o tema.

Telirio iniciou sua vida profissional na prestigiosa empresa de auditoria PwC em que passou a se interessar pelos temas relativos ao aproveitamento do ágio pelas empresas. Em 2015, veio a trabalhar no tradicional escritório de advocacia Trench Rossi Watanabe onde nos conhecemos e trabalha até hoje. Cursou o Programa de Pós-Graduação em Direito da Fundação Getulio Vargas em São Paulo, quando apresentou sua dissertação de mestrado sobre esse mesmo assunto e que agora é objeto da presente obra. Nesse período, publicou vários artigos sobre esse tema em obras coletivas e nas principais revistas jurídicas do País.

Além da sua experiência como advogado e auditor, o autor traz consigo algo que torna essa experiência mais especial para a confecção deste livro: é a dedicação e o cuidado que sempre revelou no seu desempenho técnico de suas funções, qualidades estas que são de reconhecimento de todos que tiveram a chance de conviver e trabalhar com ele.

Certamente estes mesmos atributos estão subjacentes à produção deste livro e poderão ser percebidos quando da sua leitura e de qualquer consulta ao mesmo.

Em segundo lugar, esta obra vem preencher um vazio, a despeito da existência de outros livros anteriormente publicados sobre o mesmo assunto e dos méritos e qualidades destes. O tema do livro apresenta sua fundamental importância a partir da reunião de dois elementos relevantes: o surgimento da nova disciplina contábil e societária após o advento da Lei n. 11.638, de 2007, que redirecionou a ótica contábil no tratamento das operações societárias, e as novas regras da Lei n. 12.973, de 2014, que remodelaram a disciplina fiscal que se desenvolvia há quase 40 anos apenas sob a égide da sistemática do Decreto-lei n. 1.598, de 1977.

Na verdade, a Lei n. 11.638/2007 trouxe um conjunto de regras que devem ser obedecidas pelas empresas brasileiras para evidenciação de suas operações ativas e passivas e da evolução de seu patrimônio ao longo do tempo. Essa legislação buscou uniformizar a linguagem contábil e societária entre jurisdições, eliminando-se a assimetria de informação no registro dos fatos contábeis e contribuindo para agregar maior grau de transparência das demonstrações contábeis em geral.

Em razão deste cenário, surgiram questionamentos acerca da avaliação do ágio pago na aquisição de participação acionária, sobretudo no tocante a evidenciação das razões que justificam o valor despendido. Debate-se, nesse aspecto, a possibilidade de o contribuinte produzir um estudo unicamente para fins contábeis e, ao mesmo tempo, outro para fins fiscais, visando justificar o valor pago. São duas orientações normativas que adotam premissas de análise distintas ao retratar a mesma realidade, uma voltada às razões do investidor para realizar o negócio e outro orientado à mensuração contábil das mais valias existentes nos ativos da empresa adquirida.

Nesse sentido, esta obra se propõe a identificar mecanismos para mitigar aparente incompatibilidade existente entre a norma contábil e a legislação tributária, referente ao desdobramento e posterior dedução fiscal do preço pago pelo sócio controlador na compra de participação adicional em entidade já controlada.

Com a edição da Lei n. 12.973/2014, o registro do custo de aquisição de investimentos avaliados pelo Método da Equivalência Patrimonial previsto pelo Decreto-lei n. 1.598/1977 foi atualizado, tendo o legislador tributário buscado evidente inspiração na metodologia prevista pelas normas contábeis. Ocorre que, segundo os atuais normativos contábeis, eventual ágio pago pelo sócio controlador na aquisição de participação em sociedade controlada não deve ser escriturado em conta de ativo, mas teria como contrapartida conta de patrimônio líquido.

Essa orientação contábil vai de encontro ao conteúdo já disciplinado pela legislação tributária, que não restringe a possibilidade de reconhecimento e posterior amortização desse ágio, ainda que tenha sido pago pelo sócio controlador. Essa aparente contradição é objeto desse estudo, que busca uma solução dessa aparente antinomia normativa a partir da aplicação dos critérios de interpretação normativa, incluindo a análise histórica e finalística da norma tributária.

Como facilmente se pode perceber, o autor trabalha com conhecimentos teóricos aliados à sua experiência pratica. Tais qualidades levam a considerações muito úteis, tornando essa obra imprescindível na biblioteca de quem queira ingressar com um bom guia nos meandros do controverso aproveitamento do ágio nos investimentos societários para fins fiscais.

E é neste panorama que a obra de Telirio Saraiva vem se inserir como uma contribuição valiosíssima para tantos quantos militam no Direito Tributário sobre tributos federais, sejam os julgadores, advogados e representantes da Fazenda Nacional, ou os próprios contribuintes que devem aplicar em primeira mão as regras contábeis e fiscais no âmbito do regime de lançamento por homologação.

Marcos Vinicius Neder
Mestre e Doutor em Direito Tributário pela
Pontifícia Universidade Católica de São Paulo
Professor do Curso Mestrado do Instituto
Brasileiro de Direito Tributário - IBDT

São Paulo, abril de 2022
Marcos Vinícius Neder

Introdução

No Brasil convivemos com uma contabilidade juridicizada. As bases das Ciências Contábeis estão estampadas no ordenamento brasileiro, mais precisamente na Lei n. 6.404, de 15 de dezembro de 1976 – Lei das Sociedades por Ações ("Lei das S.A.") –, normativo responsável por colocar o país no mapa dos mercados de capitais. Coube à Lei dispor, pela primeira vez, sobre o MEP, que se tornou a principal forma de avaliação de investimentos em outras sociedades.

Originariamente, porém, foi reservada à legislação tributária a tarefa de regular como os investimentos suscetíveis ao MEP seriam inicialmente escriturados, papel desempenhado pelo Decreto-lei n. 1.598, de 26 de dezembro de 1977, editado um ano após a Lei das S.A. e que teve como missão adaptar a legislação do imposto sobre a renda às então inovações desta Lei. Nessa toada, surgiu a figura do ágio no Brasil, correspondente à diferença positiva entre o preço pago pelo investidor e o valor contábil da participação adquirida.

O Decreto-lei disciplinou ainda que o preço pago deveria ser computado na base do imposto sobre a renda, notadamente por ocasião da alienação e liquidação da participação ou pela extinção do investimento em decorrência dos eventos de incorporação, fusão ou cisão.

Assim, convivemos por cerca de 30 anos com uma norma fiscal – Decreto-lei n. 1.598/1977 – ditando como a contabilidade das empresas deveria ser escriturada, no que diz respeito a investimentos avaliados pelo patrimônio. Em 2007 essa realidade começou a ser transformada.

A Lei n. 11.638, de 28 de dezembro de 2007, fundou as diretrizes para convergência da contabilidade nacional aos padrões internacionais, movimento que alterou profundamente a Lei das S.A., viabilizando a edição de normas contábeis por atos infralegais expedidos por entidade dedicada ao assunto. Esse papel passou a ser desempenhado pelo Comitê de Pronunciamentos Contábeis.

O Comitê, então, editou uma série de normativos dirigidos ao reconhecimento do custo de aquisição de investimentos, com destaque para o Pronunciamento Técnico n. 15, Combinação de Negócios (CPC 15)[1] e para a Interpretação Técnica n. 09, Demonstrações Contábeis Individuais, Demonstrações Separadas, Demonstrações Consolidadas e Aplicação do Método de Equivalência Patrimonial (ICPC 09)[2]. A contabilidade dos investimentos em outras sociedades passa a ter vida própria, não sendo mais dependente do Decreto-lei n. 1.598/1977.

Nesse quesito, a ICPC 09 registra, entre outros aspectos, que caso o sócio controlador tenha pago na aquisição de participação adicional montante superior ao valor patrimonial contábil do ativo, essa diferença não deverá ser registrada em seu balanço patrimonial como custo do investimento adquirido. Tendo como pano de fundo as técnicas de consolidação de demonstrações financeiras, a ICPC 09 declara que a compra dessa participação pelo sócio controlador é entendida como uma transação de capital, similar a uma operação com ações em tesouraria. Desse modo, eventual sobrepreço pago pelo sócio controlador deve ser escriturado diretamente em conta de "ágio em transações de capital", no patrimônio líquido, e não como ágio ou mais-valia líquida no grupo de ativos da entidade.

1 O CPC 15 foi originalmente publicado em 26 de junho de 2009. Atualmente encontra-se em sua primeira versão revisada.

2 A ICPC 09 foi originalmente aprovada em 4 de dezembro de 2009 pelo Comitê de Pronunciamentos Contábeis. Atualmente encontra-se em sua segunda versão revisada.

Eis que, em 2014, o Decreto-lei n. 1.598/1977 é alterado pela Lei n. 12.973, de 13 de maio, passando a contar com nova disciplina fiscal para registro do custo de aquisição de investimentos avaliados pelo MEP. Curioso observar que, pela leitura do artigo 20 do Decreto-lei, é possível perceber que o legislador optou por adotar sistemática com clara inspiração no CPC 15, embora não tenha feito remissão direta às normas contábeis.

Porém, a nova versão do Decreto-lei n. 1.598/1977, embora semelhante ao CPC 15, não impôs qualquer restrição ao registro e posterior amortização fiscal do ágio pago pelo sócio controlador. Aqui, oportuno abrir breve parêntese para esclarecer que o termo "ágio", no presente trabalho, será empregado para fins didáticos como sinônimo das expressões *goodwill* (ou ágio por rentabilidade futura) e mais-valia líquida de ativos, utilizadas tanto pelo Decreto-lei n. 1.598/1977 como pelas normas contábeis para indicar a parcela do preço de aquisição que se sobrepõe ao valor contábil do investimento adquirido.

Fato é que a legislação tributária revela aparente incompatibilidade com a contabilidade, pois, como visto, a ICPC 09 impede o registro do ágio pago nessas circunstâncias como um ativo, o que poderia, à primeira vista, colocar em xeque a amortização fiscal desse custo.

A presente obra se propõe a buscar alternativa para mitigar essa aparente contradição. A aquisição de participação pelo sócio controlador é situação comumente verificada no mercado, sendo necessária a identificação de mecanismos para compatibilização das normas contábil e fiscal.

A relevância do tema é confirmada pela tentativa de regulamentação expressa no âmbito do Projeto de Lei n. 2.337/2021[3], um

---

3 Projeto de Lei n. 2.337/2021: "Art. 15. O Decreto-Lei nº 1.598, de 1977, passa a vigorar com as seguintes alterações: (...) "Art. 33 (...)

dos principais projetos legislativos atualmente em pauta no Congresso dedicado à reforma da tributação sobre a renda. O assunto foi ainda objeto de análise específica pela RFB, ensejando a publicação da Solução de Consulta Cosit n. 39, de 1 de março e 2020.

Com efeito, esta obra tem como propósito oferecer respostas às seguintes questões:

i) É possível, na situação em exame, aplicar a norma fiscal concomitante à contábil?

ii) O pagamento de ágio pelo sócio controlador pode ser qualificado como espécie de ativo gerado dentro do mesmo grupo econômico – "ágio interno" – e, portanto, indedutível para fins fiscais, conforme vedação contida no artigo 25, da Lei n. 12.973/2014?

iii) E, por fim, sendo eventualmente possível o registro e amortização desse custo para fins fiscais, quais seriam os mecanismos para o seu registro e controle?

Para tanto, busca-se no primeiro capítulo conhecer as origens do MEP, da Lei das S.A. e do Decreto-lei n. 1.598/1977, traçando a evolução histórica destas normas até os dias atuais, em que a contabilidade brasileira passou a estar alinhada com os padrões internacionais, sendo marcada por uma relação de independência em relação à legislação tributária. O capítulo também se dedica a investigar o racional por detrás da ICPC 09, que remete à metodologia de consolidação das demonstrações financeiras,

---

V - da parcela do custo de aquisição do investimento registrada em conta de patrimônio líquido do contribuinte em aquisição de participação adicional em controlada, observado o disposto no § 4º. (...)
§ 4º O valor de que trata o inciso V do caput a ser considerado no valor contábil do investimento será reduzido à taxa de um sessenta avos a cada mês subsequente à aquisição do investimento."

estabelecida no Brasil pelo Pronunciamento Técnico n. 36, Demonstrações consolidadas (CPC 36).[4]

Em seguida, no procurou-se no segundo capítulo entender qual a natureza dos documentos expedidos pelo Comitê de Pronunciamentos Contábeis, e que ganham força jurídica quando aprovados por entidades como a CVM, ou pelo CFC. O capítulo passa então a propor orientações para mitigar a aparente incompatibilidade existente entre a ICPC 09 e o Decreto-lei n. 1.598/1977, valendo-se dos critérios jurídicos de solução de conflitos e de uma interpretação histórica e finalística da norma fiscal.

As conclusões estabelecidas no capítulo 2 servem de alicerce para o Capítulo 3, oportunidade em que se examina a não qualificação do ágio pago pelo sócio controlador como espécie de "ágio interno".

Por fim, no quarto capítulo são propostas medidas práticas para compatibilização das normas contábil e fiscal, garantindo o direito à dedução fiscal do custo legitimamente incorrido pelo sócio controlador, mas sem alterar a integridade do patrimônio líquido contábil do adquirente.

4 O CPC 36 foi originalmente aprovado em 6 de novembro de 2009. Atualmente encontra-se em sua terceira versão revisada.

Capítulo 1 - Investimentos Avaliados pelo Método da Equivalência Patrimonial

1.1 O Método da Equivalência Patrimonial

Esta obra não poderia ter outro ponto de partida. Sem o MEP, também conhecido como Método de Avaliação pelo Patrimônio Líquido, não haveria que se falar em ágio ou deságio. Essas figuras são consequências diretas da aplicação desse método.

O MEP nada mais é do que um método para contabilização de investimentos mantidos por pessoas jurídicas em outras pessoas jurídicas.

A forma mais elementar de contabilização de ativos é registrá-los pelo seu custo de aquisição – MCA. Uma entidade ao adquirir um automóvel por R$ 50 mil, como regra deverá contabilizá-lo como um ativo por este mesmo valor.

Em se tratando de investimentos em outras sociedades, historicamente o MCA também era a regra[5]. Ocorre que, ao travar o valor contábil do investimento ao seu custo histórico, o MCA falha em demonstrar as mutações no patrimônio da investida.

Como exemplo, suponha-se que a empresa "A" tenha adquirido participação na entidade "B" por R$ 100 milhões, tendo esse

5 GELBCKE, Rubens et al. *Manual de contabilidade societária*: aplicável a todas as sociedades: de acordo com as normas internacionais e do CPC. 3. ed. São Paulo: Atlas/FIPECAFI, 2018. p. 181.

investimento sido reconhecido pelo seu custo de aquisição. Com o passar do tempo, as atividades de "B" começam a registrar sucessivos prejuízos, levando essa sociedade a apresentar patrimônio líquido negativo (passivo a descoberto). Pelo MCA, a despeito da precária situação patrimonial da investida "B", a investidora "A" continuaria a registrar em seu balanço patrimonial um investimento positivo em "B" de R$ 100 milhões.

O MEP surgiu então como um contraponto ao MCA. Ou melhor, o MEP é consequência do processo de evolução e aperfeiçoamento da Ciência Contábil, frente às distorções decorrentes da aplicação do MCA como matriz para a contabilização de investimentos.[6]

No Brasil, a "obrigatoriedade de avaliação de investimentos pelo MEP, [...] foi introduzida de forma ampla pela"[7] Lei das S.A.,

---

6 Na realidade, em contraponto ao MCA, em um primeiro momento foi desenvolvida a técnica de consolidação de balanços, que será abordada mais adiante. O MEP surge depois, como um mecanismo de ajuste às demonstrações consolidadas: "Historicamente, não havia, há muito tempo, equivalência patrimonial nem consolidação de balanços, apenas o custo era utilizado na mensuração de investimentos em outras sociedades. Primeiro foi concebida a técnica de consolidação para que se pudesse evidenciar o total dos ativos, passivos, receitas e despesas sob o comando da sociedade controladora. [...] os investimentos em sociedades não controladas não se incorporam às demonstrações da investidora, porque não podem ser consolidadas; afinal, a consolidação só é admitida para as entidades sobre as quais se exerce controle. Assim, as coligadas continuavam pelo custo [...]. Surgiu, então, a ideia de fazer com que os investimentos sobre os quais a investidora tivesse influência significativa fossem avaliados por equivalência patrimonial, já que, de alguma forma, por participar do processo decisório, apesar de não controlar, a investidora pôde influenciar a situação patrimonial e financeira da investida. [...] Assim, na verdade, nasceu a equivalência patrimonial: um ajuste às demonstrações consolidadas." GELBCKE, Rubens et al. *Manual de contabilidade societária*: aplicável a todas as sociedades: de acordo com as normas internacionais e do CPC. 3. ed. São Paulo: Atlas/FIPECAFI, 2018. p. 181.

7 SANTOS, Ariovaldo dos; MACHADO, Itamar Miranda. Investimentos avaliados pelo método da equivalência patrimonial: erro na contabilização de dividendos quando existem lucros não realizados. *Revista Contabilidade & Finanças*, São Paulo, v. 16, n. 39, p. 7-19, 2005. p. 8.

que, já em sua forma original, relegou ao MCA o papel de método disponível apenas para a contabilização de investimentos não relevantes, fixando o MEP como a regra para os demais casos[8].

Hoje, a normatização contábil é ainda mais restrita. Os investimentos que não estiverem sujeitos ao MEP devem ser avaliados a valor justo. O MCA só é utilizado caso não existam condições disponíveis para a aferição com confiança do valor justo da participação.[9]

O artigo 248 da Lei das S.A. prescreve que o MEP será obrigatório na avaliação de investimentos em coligadas ou em controladas. Em síntese, a aplicação desse método perpassa pela observância de três regras fundamentais:

i) primeiro, deve ser verificado o valor do patrimônio líquido contábil da coligada ou da controlada;

ii) em seguida, o valor do investimento, tal como será registrado pela investidora, é determinado mediante a aplicação, sobre o valor de patrimônio líquido referido acima, da porcentagem de participação no capital da coligada ou controlada; e

iii) a diferença entre o valor do investimento mensurado pela equação indicada no item "ii" e o valor contábil anterior

8 Conforme redação original do art. 248 da Lei n. 6.404/1976.

9 "Os investimentos em títulos patrimoniais de outras sociedades, quando classificados no subgrupo Investimento do Ativo Não Circulante e não avaliados pelo método de equivalência patrimonial [...] serão avaliados pelo valor justo e, em circunstâncias limitadas, esses instrumentos são avaliados pelo custo por ser uma estimativa apropriada do valor justo ou se seu valor justo não puder ser mensurado com confiabilidade. Se houver valor justo confiável, disponível ou estimado com base em alguma técnica de avaliação, tais instrumentos deverão ser avaliados pelo valor justo." GELBCKE, Rubens et al. *Manual de contabilidade societária*: aplicável a todas as sociedades: de acordo com as normas internacionais e do CPC. 3. ed. São Paulo: Atlas/FIPECAFI, 2018. p. 170.

> desse mesmo ativo será computada no resultado da investidora. Se a diferença for positiva, tem-se uma receita de equivalência patrimonial. Se negativa, uma despesa.

Assim, a aplicação periódica do MEP permite a contínua verificação da "[...] parte do lucro ou do prejuízo (da empresa) atribuído à controladora ou à coligada investidora.",[10] mediante o reflexo dos resultados da investida no próprio patrimônio da sócia investidora.[11]

Relevante pontuar que os resultados positivos ou negativos decorrentes do MEP são neutros para fins fiscais, notadamente em relação à apuração do IRPJ[12], da CSLL[13], da Contribuição para o Programa de Integração Social[14] e da Contribuição para o Financiamento da Seguridade Social[15].

Conforme bem colocado por Hiromi Higuchi, essa neutralidade é justificada pela necessidade de se evitar a "[...] dupla tributação de lucro, uma vez na sociedade investida e outra vez na investidora, ou para evitar a dupla dedução de prejuízo. Isso porque o prejuízo da coligada ou controlada será compensado com lucros futuros."[16]

---

10 CARVALHOSA, Modesto. *Comentários à Lei de Sociedades Anônimas*: Lei n. 6.404, de 15 de dezembro de 1976, com as modificações da Lei n. 9.457, de 5 de maio de 1997. São Paulo: Saraiva, 1998. v. 4. t. 2. p. 5.

11 TÔRRES, Heleno Taveira. Juros sobre capital próprio: autonomia privada nos investimentos societários e suas implicações em matéria tributária. In: ASSOCIAÇÃO BRASILEIRA DE DIREITO TRIBUTÁRIO. *Revista Internacional de Direito Tributário*. Belo Horizonte: Del Rey, 2006. v. 5. p. 33-92. p. 35.

12 Decreto-lei n. 1.598/1977, Art. 23.

13 Lei n. 7.689/1988, Art. 2º, § 1º "c", "1" e "4".

14 Lei n. 10.637/2002, Art. 1º, § 3º, V, "b".

15 Lei n. 10.833/2003, Art. 1º, § 3º, V, "b".

16 HIGUCHI, Hiromi. *Imposto de renda das empresas*: atualizado até 15-02-2017. [S.l.]: [s.n.], [2017?]. p. 410.

Para fins ilustrativos, considere-se que em 30/04/2018 a investidora "A" possuía 70% do capital total da entidade controlada "B", e o patrimônio líquido contábil de "B" era igual a R$ 100 milhões. Logo, pelo MEP, o investimento em "B" a ser contabilizado pela investidora "A" será igual a R$ 70 milhões (percentual de participação multiplicado pelo valor de patrimônio líquido da investida), conforme equação prevista pela legislação para aplicação do MEP. No mês seguinte, o patrimônio líquido da investida saltou para R$ 110 milhões. Nesse caso, pelo MEP, o investimento em "B" será atualizado por "A" para o valor de R$ 77 milhões (70% de um patrimônio de R$ 110 milhões), e "A" terá reconhecido uma receita de equivalência patrimonial (não tributável) de R$ 7 milhões no mês de maio.

Simulação aplicação do MEP

	Premissas	**R$ milhões**
(a)	Participação de A no capital de B	70%
(b)	Patrimônio Líquido Contábil de B em 30/04/18	100,00
(c)	Patrimônio Líquido Contábil de B em 31/05/18	110,00
Empresa A - Equivalência patrimonial do investimento em B		
(d) = (a x b)	Investimento em B: MEP em 30/04/18	70,00
(e) = (a x c)	Investimento em B: MEP em 31/05/18	77,00
(e - d)	Equivalência patrimonial entre abril-maio de 2018	7,00

Esse exemplo ilustra a vantagem fundamental do MEP em relação ao MCA. O MEP "[...] acompanha o fato econômico, que é a *geração dos resultados* [...]"[17] pela investida, diferentemente do

17 GELBCKE, Rubens et al. *Manual de contabilidade societária*: aplicável a todas as sociedades: de acordo com as normas internacionais e do CPC. 3. ed. São Paulo: Atlas/FIPECAFI, 2018. p. 180. grifo nosso.

MCA, que exibe uma imagem estática do ativo, dissociada da sua realidade patrimonial.

Heleno Tôrres sintetiza muito bem esse entendimento ao explicar que: "A *equivalência patrimonial* tem a função de atualizar os investimentos relevantes em empresas controladas ou coligadas conforme os resultados forem sendo apurados nestas entidades, independentemente da distribuição dos lucros apurados [...]".[18]

Em linha com a Lei das S.A., o Pronunciamento Técnico n. 18, Investimento em Coligada (CPC 18)[19], em controlada e em empreendimento controlado em conjunto, assim define o MEP:

> [...] é o método de contabilização por meio do qual o investimento é inicialmente reconhecido pelo custo e, a partir daí, é ajustado para refletir a alteração pós-aquisição na participação do investidor sobre os ativos líquidos da investida. As receitas ou as despesas do investidor incluem sua participação nos lucros ou prejuízos da investida, e os outros resultados abrangentes do investidor incluem a sua participação em outros resultados abrangentes da investida.[20]

Interessante observar que, passadas quatro décadas da edição da Lei das S.A., a equação prevista pelo artigo 248 para aplicação do MEP mantém-se inalterada. Apenas o *caput* do artigo foi modificado no processo de recepção das normas internacionais

---

18 TÔRRES, Heleno Taveira. Juros sobre capital próprio: autonomia privada nos investimentos societários e suas implicações em matéria tributária. In: ASSOCIAÇÃO BRASILEIRA DE DIREITO TRIBUTÁRIO. *Revista Internacional de Direito Tributário*. Belo Horizonte: Del Rey, 2006. v. 5. p. 33-92. p. 70.

19 O CPC 18 foi originalmente aprovado em 6 de novembro de 2009. Atualmente encontra-se em sua segunda versão revisada.

20 CPC 18 (R2), item 3.

de contabilidade pela Lei das S.A., implementado pelas Leis n. 11.638/2007 n. 11.941/2009.

Na verdade, a alteração do artigo 248 centrou-se no alinhamento da norma societária aos conceitos previstos pela contabilidade internacional, que pregam por uma análise da "[...] natureza do relacionamento entre investidor e investida [...]"[21] e do grau de influência da investidora na sociedade investida, tendo sido excluído desse dispositivo o conceito de relevância do investimento. Relevante recordar que, nos termos desse artigo, o MEP é aplicável aos investimentos mantidos em entidades qualificadas como coligadas e controladas.

Segundo o CPC 18, coligada "[...] é a entidade sobre a qual o investidor tem influência significativa".[22] Já a "influência significativa" é definida como "[...] o poder de participar das decisões sobre políticas financeiras e operacionais de uma investida, mas sem que haja o controle individual ou conjunto dessas políticas"[23]. Esses conceitos emanam da própria Lei das S.A., que ainda prescreve ser presumida a existência de influência significativa "[...] quando a investidora for titular de 20% (vinte por cento) ou mais do capital votante da investida, sem controlá-la."[24]

Já o status de controle é caracterizado quando uma pessoa física ou jurídica (ou grupo de pessoas vinculadas por acordo de voto ou sob controle comum) é, direta ou indiretamente, titular de direitos de sócio que lhe assegurem, de modo permanente, preponderância nas deliberações sociais e o poder de eleger a maioria

---

21 GELBCKE, Rubens et al. *Manual de contabilidade societária*: aplicável a todas as sociedades: de acordo com as normas internacionais e do CPC. 3. ed. São Paulo: Atlas/FIPECAFI, 2018. p. 179.

22 CPC 18 (R2), Item 3.

23 CPC 18 (R2), Item 3.

24 Lei n. 6.404/1976, Art. 243, *caput*, §§ 1º, 4º e 5º.

dos administradores, e usa efetivamente esse poder para dirigir as atividades sociais e orientar o funcionamento da companhia.[25]

O CPC 36 apresenta aprofundada disciplina sobre o conceito de controle trazido pela Lei das S.A., que pode ser resumido na noção de que controle significa: (a) ter poder sobre a investida; (b) estar exposto a, ou possuir direitos sobre, retornos variáveis decorrentes de seu envolvimento com a investida; e (c) ter a capacidade de utilizar esse poder sobre a investida para afetar o valor de seus retornos.[26]

Nesse ponto, é relevante fazer um breve parêntese. Comumente, o controle é associado à pessoa do sócio majoritário, isto é, aquele que detém a maior parte das ações ou quotas de uma determinada entidade. Entretanto, nem sempre as figuras do sócio majoritário e do sócio controlador coincidem. Como exemplo, o controle pode ser conferido a um sócio minoritário por meio de acordo entre os acionistas.[27] Dessa forma, na presente obra serão adotadas as terminologias "sócio controlador" e "sócio não controlador", sendo mais adequadas do que as denominações "sócio majoritário" e "sócio minoritário".[28]

---

25 Lei n. 6.404/1976, Art. 116 e Art. 243, § 2º.

26 CPC 36 (R3), Item B2.

27 "O § 2º do art. 15 da Lei nº 6.404, de 1976, na redação dada pelo art. 2º da Lei 10.303, de 2001, dispõe que o número de ações preferenciais sem direito a voto, ou sujeitas a restrição no exercício desse direito, não pode ultrapassar 50% do total das ações emitidas. Com isso, a sociedade investidora poderá ter o controle do capital, de que trata o § 2º do art. 243, com 25% mais um das ações. Existe ainda o caso de controle por acordo de acionistas." HIGUCHI, Hiromi. *Imposto de renda das empresas*: atualizado até 15-02-2017. [S.l.]: [s.n.], [2017?]. p. 404.

28 Essa mesma terminologia é empregada pelo CPC 36 (R3) e também pelo manual da Fundação Instituto de Pesquisas Contábeis, Atuariais e Financeiras: "Anteriormente, vimos exemplos em que a eliminação dos investimentos era feita diretamente contra o capital ou patrimônio da controlada, o que ocorria em função de a controladora ter em seu poder a totalidade das ações da controlada (100%). Todavia, o que ocorre na prática, na maioria das vezes, é que a controladora não possui, direta ou indiretamente, os 100% do capital social, mas um percentual menor, tal como ocorreu no exemplo do item 41.6.3 (a). O restante dessas ações ou quotas da controlada

Em suma, sobre o MEP é preciso se ter em conta que a aplicação desse método está associada à ideia de que a investidora possui relevante influência sobre os rumos da entidade investida (coligada), ou figura como a sua efetiva controladora. Nas situações em que "[...] os investimentos em títulos patrimoniais de outras sociedades [...] não confiram a seu detentor influência ou controle (integral ou compartilhado) [...]", como regra os investimentos serão avaliados a valor justo, e, em último caso, pelo seu custo de aquisição, "[...] quando inexistir preço de cotação em mercado ativo e não for possível uma mensuração confiável a valor justo [...]".[29]

Ocorre que, toda essa disciplina refere-se apenas à contínua avaliação de investimentos após a sua aquisição. Isto é, embora o MEP tenha sido inaugurado pela Lei das S.A. na década de 1970 no Brasil, a lei comercial não definiu como ocorreria o registro inicial desses investimentos. Curiosamente, coube à legislação tributária solucionar essa questão.

1.2 Decreto-Lei n. 1.598/1977: Registro do custo de aquisição de investimentos avaliados pelo MEP

Poucos dias após o aniversário de um ano da Lei das S.A. foi publicado o Decreto-lei n. 1.598/1977, norma que alterou

---

pertence a outras pessoas jurídicas ou físicas, denominadas sócios não controladores ou minoritários (o primeiro termo parece-nos ser o mais adequado, já que há a situação de os controladores não serem os majoritários)." GELBCKE, Rubens et al. *Manual de contabilidade societária*: aplicável a todas as sociedades: de acordo com as normas internacionais e do CPC. 3. ed. São Paulo: Atlas/FIPECAFI, 2018. p. 738.

29 GELBCKE, Rubens et al. *Manual de contabilidade societária*: aplicável a todas as sociedades: de acordo com as normas internacionais e do CPC. 3. ed. São Paulo: Atlas/FIPECAFI, 2018. p. 179.

profundamente a legislação tributária e que teve como missão adaptar a legislação do Imposto sobre a Renda às então inovações da legislação societária.

Por meio dessa norma o legislador optou por reforçar uma relação de íntimo diálogo entre a contabilidade e a tributação. Esse aspecto não era exatamente uma novidade. O artigo 32 do Decreto-lei n. 5.844/1943 já previa que "[...] As pessoas jurídicas serão tributadas de acôrdo com os lucros reais verificados, anualmente, segundo o balanço e a demonstração da conta de lucros e perdas." O Decreto-lei n. 1.598/1977 sedimentou essa relação.

Logo em seus primeiros artigos fixa que o lucro real, base para a incidência do imposto, terá como referência o "lucro líquido do exercício", e completa definindo que esse lucro deve ser "[...] determinado com observância dos preceitos da lei comercial [...]" (art. 6º, *caput*, § 1º). O Decreto-lei segue então fazendo inúmeras outras referências à legislação comercial, aos livros e demonstrações contábeis e a diversos conceitos que derivam da contabilidade.

Em relação ao registro do custo de aquisição dos investimentos avaliados pelo MEP o Decreto-lei n. 1.598/1977 foi além. Diante da lacuna da Lei das S.A. a esse respeito, "[...] houve por bem o próprio legislador tributário tratar do assunto [...]",[30] prescrevendo a técnica de reconhecimento, contabilização e amortização fiscal desse custo.

Em sua forma original, o artigo 20 do Decreto-lei n. 1.598/1977 estabeleceu o dever de desdobramento do custo de aquisição dos investimentos em controladas e coligadas avaliados pelo MEP segundo a seguinte sistemática:

---

30 SCHOUERI, Luís Eduardo. *Ágio em reorganizações societárias*: aspectos tributários. São Paulo: Dialética, 2012. p. 12.

i) primeiro, deve ser registrado em subconta o valor contábil do investimento à época da aquisição, sendo determinado pela aplicação do percentual da participação adquirida sobre o patrimônio líquido contábil da investida; e

ii) em seguida, a eventual diferença entre o preço pago e o valor contábil da investida será registrada em subconta distinta como um ágio – caso o preço seja superior ao valor contábil; ou deságio – caso o preço seja inferior.[31]

Consideremos hipoteticamente que a entidade A adquiriu por R$ 100 milhões 50% da empresa B, esta última com patrimônio líquido à época da compra de R$ 50 milhões. Pela sistemática originalmente fixada pelo artigo 20 o custo de aquisição dessa participação deveria ser desdobrado por A entre (i) um investimento de R$ 25 milhões e (ii) ágio de R$ 75 milhões.

Desdobramento custo de aquisição: Decreto-lei n. 1.598/1977 (redação original)

Premissas		**R$ milhões**
(a)	Valor pago por A na aquisição de B	100,00
(b)	Empresa B: Patrimônio Líquido Contábil	50,00
(c)	Participação adquirida	50%
Empresa A (adquirente) - Desdobramento do custo		
(d) = (c x b)	Investimento em B (50%)	25,00
(a - d)	Ágio investimento em B	75,00

31 Conforme redação original do Decreto-lei n. 1.598/1977, artigo 20.

Assim, surgiu no ordenamento brasileiro a figura do ágio na aquisição de participação societária, como elemento equivalente ao preço pago "[...] além do valor do patrimônio líquido da coligada ou controlada que se está adquirindo [...]".[32]

Inicialmente, conforme previsão do artigo 25 do Decreto-lei n. 1.598/1977, as contrapartidas da amortização do ágio ou deságio seriam neutras para fins fiscais. Isto é, a despesa de amortização do valor alocado como ágio não seria dedutível, bem assim a receita pela amortização do deságio não seria tributável.

Coube ao artigo 33 do Decreto-lei estabelecer a regra geral para a dedutibilidade do ágio ou tributação do deságio. Nos termos desse dispositivo, o ágio / deságio seriam incorporados ao próprio valor contábil do investimento para fins de apuração do ganho ou perda de capital decorrentes da alienação ou liquidação da participação avaliada pelo MEP. Assim, como regra geral, o ágio ou deságio só influenciaria a apuração do lucro real no momento da realização do investimento.

Em seguida, o artigo 34 do Decreto-lei firmou a regra especial de dedução do ágio / tributação do deságio nos eventos de extinção do investimento por incorporação, fusão ou cisão. Pela metodologia contida neste artigo, caso o investimento fosse extinto – em função da sua incorporação, por exemplo – o contribuinte deveria proceder à avaliação do preço de mercado do acervo líquido da investida e compará-lo com o valor contábil da participação. Se o valor contábil fosse superior – sendo o ágio ou deságio parte integrante desse valor contábil[33] – a diferença em relação ao valor de mercado poderia ser deduzida em uma

32 SCHOUERI, Luís Eduardo. *Ágio em reorganizações societárias*: aspectos tributários. São Paulo: Dialética, 2012. p. 13.

33 Conforme disciplina do já estudado artigo 33, do Decreto-lei n. 1.598/1977.

só parcela na apuração do Lucro Real, na qualidade de perda de capital, ou amortizada como ativo diferido no prazo de 10 anos. Se o valor de mercado fosse maior, a diferença corresponderia a um ganho de capital, podendo o contribuinte diferir a sua tributação até que os respectivos bens avaliados a mercado fossem efetivamente realizados.

É relevante comentar que, segundo a metodologia original prevista pelo artigo 20, era preciso indicar qual o fundamento econômico do ágio ou deságio. A própria norma elencava um rol de fundamentos possíveis, a saber: a) valor de mercado de bens do ativo da investida, caso fosse superior ou inferior ao custo registrado na sua contabilidade; b) valor de rentabilidade da coligada ou controlada, com base em previsão dos resultados nos exercícios futuros; e c) fundo de comércio, intangíveis e outras razões econômicas.[34]

A disciplina inaugurada pelo Decreto-lei n. 1.598/1977, e, em especial, os fundamentos econômicos arrolados para justificativa do ágio ou deságio pago, era objeto de reiteradas críticas, sobretudo por parte dos contadores, com destaque para os precisos comentários dos professores Sérgio de Iudícibus e Eliseu Martins. A rigor, o valor de mercado de ativos não seria fundamento econômico adequado para o registro de ágio, mas sim para a contabilização de mais ou menos valia de bens e direitos.[35] Ademais, o legislador teria incorrido em "impropriе-

34 Conforme redação original do Decreto-lei n. 1.598/1977, artigo 20, § 2º.

35 A crítica pela comunidade contábil ao artigo 20, do Decreto-lei n. 1.598/1977, é bem ilustrada em trabalho publicado pelos Professores Sérgio de Iudícibus e Eliseu Martins: "[...] nossa Regulamentação brasileira provocou enormes problemas passando a assim denominar *toda* a diferença entre valor de aquisição e valor contábil (como ágio)! O DL 1.598/1977, como sabido, assim o fez, determinando, por outro lado, no artigo 20, a classificação do 'Ágio' em três compartimentos (quando, pela Teoria, só poderiam existir dois): 'a) valor de mercado de bens do

dade conceitual", ao segregar "[...] o fundo de comércio, intangíveis e outras razões econômicas do valor da rentabilidade futura [...]".[36] Para os estudiosos das Ciências Contábeis, esses três elementos, trazidos pelo artigo 20 do Decreto-lei n. 1.598/1977, "não deveriam, em hipótese alguma, lá estar. Pleonasmos puro ou razão impossível de existir".[37]

A despeito dessas críticas, fato é que, em função da lacuna da legislação societária, que não regulou a forma como o custo dos

---

ativo da coligada ou controlada superior ou inferior ao custo registrado na sua contabilidade; b) valor de rentabilidade da coligada ou controlada, com base em previsão dos resultados nos exercícios futuros; c) fundo de comércio, intangíveis e outras razões econômicas.' Ora, a letra *a* contém o que não é genuinamente Ágio, mas sim mais valia (como regra) de ativos mensurados a mercado com relação a seus valores contábeis [...]. Jamais deveria haver essa terminologia de ágio. A letra *b* é exatamente o *Goodwill*, ou melhor, é a prova da existência de fatores e sinergias que o provocam. A rentabilidade em si não é o *Goodwill*, ela é a consequência de inúmeros fatores e sinergias [...]". "Já a letra *c* é um desastre em termos contábeis. Em primeiro lugar, *fundo de comércio* é uma expressão complicadíssima para ser utilizada nesse contexto, já que possui significados diferentes em Direito e em Contabilidade [...]". "Continuando com a citada letra *c* [...]: menciona também 'intangíveis': O mesmo problema: os intangíveis são ativos e já estão igualmente computados na letra *a*; esta não se refere apenas aos tangíveis, logo abarca todos [...]". "Finalmente, a catastrófica 'outras razões econômicas'. Tanto que a CVM jamais a aceitou, obrigando sempre as companhias abertas a explicitarem quais razões são essas e elas acabam voltando sempre somente a duas hipóteses: à letra *a* ou à letra *b* citadas [...]". MARTINS, Eliseu; IUDÍCIBUS, Sérgio de. Intangível: sua relação contabilidade/direito: teoria, estruturas conceituais e normas – problemas fiscais de hoje. In: MOSQUERA, Roberto Quiroga; LOPES, Alexsandro Broedel (Coord.). *Controvérsias jurídico-contábeis (aproximações e distanciamentos).* São Paulo: Dialética, 2011. v. 2. p. 69-87. p. 76 a 78. grifo do autor.

36 MARTINS, Eliseu et al. *Goodwill*: uma análise dos conceitos utilizados em trabalhos científicos. *Contabilidade & Finanças*, São Paulo, v. 21, n. 52, p. 1-25, 2010. p. 9.

37 MARTINS, Eliseu; IUDÍCIBUS, Sérgio de. Intangível: sua relação contabilidade/direito: teoria, estruturas conceituais e normas – problemas fiscais de hoje. In: MOSQUERA, Roberto Quiroga; LOPES, Alexsandro Broedel (Coord.). *Controvérsias jurídico-contábeis (aproximações e distanciamentos).* São Paulo: Dialética, 2011. v. 2. p. 69-87. p. 78.

investimentos avaliados pelo MEP deveria ser contabilizado, o modelo trazido pela legislação tributária acabou induzindo, "[...] e fortemente, ao uso dessas regras na Contabilidade [...]".[38]

Tamanha influência do Decreto-lei na prática contábil pode ser ilustrada pela Instrução CVM n. 1/1978. Esse normativo era responsável por dispor sobre as normas e procedimentos para contabilização e elaboração de demonstrações financeiras, relativas a ajustes decorrentes da avaliação de investimento relevante de companhia aberta em sociedades coligadas e em sociedades controladas. A metodologia de desdobramento do custo de aquisição de investimentos trazida pela Instrução CVM n. 1/1978 era idêntica à disciplina trazida pelo artigo 20 do Decreto-lei.[39]

A contabilidade apenas começou a se distanciar do Decreto-lei n. 1.598/1977 anos mais tarde, com a edição da Instrução CVM n. 247, de 27 de março de 1996. Embora o texto da Instrução CVM n. 247/1996 ainda se assemelhasse ao conteúdo da legislação fiscal, essa norma deixou de trazer, por exemplo, o "fundo de comércio, intangíveis e outras razões econômicas" como fundamento econômico possível para o ágio, principal alvo das críticas dos contadores.

No entanto, independentemente da paralela evolução das normas contábeis, o legislador tributário optou por manter a sistemática prevista pelo Decreto-lei n. 1.598/1977, que apenas veio a ser modificada quase 40 anos depois pela Medida Provisória n.

---

38 MARTINS, Eliseu; IUDÍCIBUS, Sérgio de. Intangível: sua relação contabilidade/direito: teoria, estruturas conceituais e normas – problemas fiscais de hoje. In: MOSQUERA, Roberto Quiroga; LOPES, Alexsandro Broedel (Coord.). *Controvérsias jurídico-contábeis (aproximações e distanciamentos).* São Paulo: Dialética, 2011. v. 2. p. 69-87. p. 85.

39 Instrução CVM n. 1/1978, tópico "Desdobramento do custo de aquisição de investimento", p. 5-6.

627, de 11 de novembro de 2013, convertida posteriormente na Lei n. 12.973/2014.

É possível abstrair que essa sistemática, em sua origem, foi orientada por dois escopos principais: i) disciplinar o registro do custo de aquisição de investimentos avaliados pelo MEP, em função da ausência de previsão para tanto pela legislação societária (Decreto-lei n. 1.598/1977, artigo 20); e ii) disciplinar a influência desse custo na determinação do resultado tributável, possibilitando a amortização do ágio pago e regulando a tributação do eventual deságio apurado (Decreto-lei n. 1.598/1977, artigos 25, 33 e 34).

Nesse aspecto, conforme estudado, como regra geral temos que o ágio / deságio apenas seria computado no lucro real com a realização do investimento, na sua alienação ou liquidação, para fins de apuração do ganho ou perda de capital (artigo 33). Alternativamente, o Decreto-lei estabeleceu como regra especial que o ágio / deságio também poderia ser deduzido / tributado por ocasião da extinção da investida pelos eventos de incorporação, fusão ou cisão (artigo 34).

Vale recordar que a aplicação da regra especial contida no artigo 34 dependia da mensuração, quando da ocorrência do evento especial (incorporação, fusão ou cisão), dos preços de mercado do acervo líquido da investida e comparação dessa avaliação com o valor contábil do investimento. Na prática, de um lado o fisco usualmente questionava a avaliação realizada pelos contribuintes, acusando-os de submensurar os preços de mercado dos ativos, com vistas à dedução de uma perda de capital maior. De outro lado, os contribuintes tinham dificuldades em realizar essa avaliação de preços e atender à condição estabelecida pela lei.

Havia uma clara complexidade de acomodação do artigo 34 à prática, de modo que a regra especial de dedutibilidade /

tributação do ágio e do deságio clamava por uma modificação substancial. Tal aprimoramento veio duas décadas depois, com a publicação da Lei n. 9.532, de 10 de dezembro de 1997.

1.3 Lei n. 9.532/1997: Evolução da regra especial

Com o passar do tempo, a aplicação do artigo 34 do Decreto-lei n. 1.598/1977 tornou-se polêmica. Vale relembrar que, nos termos dessa norma, por ocasião da extinção do investimento em função da sua incorporação, fusão ou cisão, o contribuinte deveria proceder à avaliação do preço de mercado do acervo líquido da investida e compará-lo com o valor contábil da participação. Se o valor contábil fosse superior – sendo o ágio ou deságio parte integrante desse valor contábil – a diferença em relação ao valor de mercado seria dedutível. Se o valor de mercado fosse maior, a diferença corresponderia a um ganho de capital tributável.

Com alguma frequência, o antigo Conselho de Contribuintes se via às voltas com casos que envolviam esse dispositivo. Situação típica questionada pelo fisco referia-se aos casos em que a aquisição do investimento ocorria com o pagamento de expressivo ágio, e, passados alguns meses, o mesmo investimento era incorporado tendo como referência um valor de mercado inferior ao ágio originalmente pago.[40] Nesses casos, o fisco questionava a avaliação do valor de mercado da investida no momento da incorporação, acusando o contribuinte de subavaliá-lo apenas para poder deduzir uma perda de capital.[41]

40 A exemplo do Acórdão n. 101-94.298, de 13 de agosto de 2003, referente ao Caso Hoechst Roussel VET S.A.

41 Ver ainda Acórdãos n. 101-94.298/2003 e n. 101-93.599, de 19 de setembro de 2001, n. 101-87.396, de 8 de novembro de 1994, n. 101-81.647, de 11 de junho de 1991, n. 101-93.976, de 16 de outubro de 2002, e n. 103-17.870, 15 de outubro de 1996.

Oficialmente, a revisão da regra especial, contida no artigo 34 do Decreto-lei n. 1.598/1977, teve como objetivo encerrar a execução de planejamentos tributários abusivos ou simulados, atrelados à manipulação da avaliação a mercado da investida por ocasião da sua extinção. A exposição de motivos da Medida Provisória n. 1.602, de 14 de novembro de 1997, posteriormente convertida na Lei n. 9.532/1997, expressamente elenca este aspecto como um dos fundamentos para a construção de uma nova regra especial de dedução / tributação do ágio / deságio nos eventos de incorporação, fusão e cisão. Vejamos:

> [Exposição de Motivos n. 644, de 14 de novembro de 1997]
>
> 11. O art. 8 estabelece o tratamento tributário do ágio ou deságio decorrente da aquisição, por uma pessoa jurídica, de participação societária no capital de outra, avaliada pelo método de equivalência patrimonial.
>
> Atualmente, pela inexistência de regulamentação legal relativa a esse assunto, diversas empresas, utilizando dos já referidos "planejamentos tributários", vêm utilizando o expediente de adquirir empresas deficitárias, pagando ágio pela participação, com a finalidade única de gerar ganhos de natureza tributária mediante o expediente, nada ortodoxo, de incorporação da empresa lucrativa pela deficitária.
>
> Com as normas previstas no Projeto, esses procedimentos não deixarão de acontecer, mas, com certeza, ficarão restritos às hipóteses de casos reais, tendo em vista o desaparecimento de toda a vantagem de natureza fiscal que possa incentivar a sua adoção exclusivamente por esse motivo.[42]

---

42 BRASIL. Ministério da Fazenda. Exposição de Motivos n. 644, de 14 de novembro de 1997. *Diário do Congresso Nacional*, Brasília, DF, n. 26, p. 18.021-18.029, 2 dez. 1997c. p. 18.023.

De outro lado, a metodologia trazida pelo artigo 34 do Decreto-lei n. 1.598/1977 também poderia implicar efeitos fiscais adversos ao investidor. Considere-se a hipótese em que o valor de mercado do investimento à época da sua incorporação fosse muito próximo ao seu custo de contábil, custo este que, como visto, inclui o valor do eventual ágio pago e registrado em subconta. Nessa situação, não haveria perda de capital a ser deduzida do lucro real. Ou seja, o ágio pago pelo investidor era indiretamente perdido.

Em casos como esse, a perda do ágio ilustrava verdadeiro repelente à atração de investimentos, na contramão dos planos de privatização de empresas públicas nacionais em curso em meados dos anos 1990.

Em sua maioria, as empresas estatais eram deficitárias. Por possuírem patrimônios contábeis pouco elevados, era esperado – e até desejado – que no processo de privatização fossem pagos significativos ágios pelos investidores. Após a aquisição, a expectativa era de que o preço de mercado dessas entidades fosse valorizado. Se, após essa valorização, as empresas privatizadas fossem incorporadas, pela aplicação do artigo 34 do Decreto-lei n. 1.598/1977 não haveria perda de capital a ser computada pelo investidor incorporador, impossibilitando, assim, a amortização do ágio pago no processo de privatização.

Esse panorama justificou a conversão da Medida Provisória n. 1.602/1997 na Lei n. 9.532/1997, norma que estabeleceu uma nova versão da regra especial de dedução do ágio e tributação do deságio por ocasião dos eventos de incorporação, fusão ou cisão.

O artigo 7º da Lei n. 9.532/1997 estabeleceu que, a pessoa jurídica que absorver patrimônio de outra, em virtude de incorporação, fusão ou cisão, na qual detenha participação societária adquirida com ágio ou deságio poderia amortizar / tributar o ágio

/ deságio fundamentado na expectativa de rentabilidade futura à razão de um sessenta avos, para cada mês do período de apuração (incisos III e IV). O ágio ou deságio fundamentado no valor de mercado de bens do ativo da investida passaria a integrar o próprio custo do respectivo ativo, sendo dedutível para efeito de apuração de ganho ou perda de capital e de depreciação, amortização ou exaustão (§ 1º). Já o ágio ou deságio fundamentado em fundo de comércio, intangíveis e outras razões econômicas não seria amortizável (inc. II).

O artigo 8º prescreveu ainda que o teor do artigo 7º igualmente se aplicaria na hipótese de o investimento não ser avaliado pelo valor de patrimônio líquido, e também aos casos em que a empresa incorporada, fusionada ou cindida fosse aquela que detinha a propriedade da participação societária (incorporação reversa).

De maneira geral, a regra especial trazida pela Lei n. 9.532/1997 é substancialmente diferente daquela prevista pelo artigo 34 do Decreto-lei n. 1.598/1977. Dentre as diferenças, uma se destaca: os artigos 7º e 8º não exigem qualquer avaliação dos preços de mercado dos ativos líquidos da investida no momento da incorporação. O ágio e o deságio passíveis de dedução ou tributação passaram a corresponder ao próprio ágio ou deságio pagos pelo investidor à época da aquisição. Assim, a Lei n. 9.532/1997 firmou "[...] um forte incentivo governamental à privatização [...], trocando uma redução do caixa futuro (menos tributos quando das amortizações) por uma facilidade na venda de suas empresas e por um aumento de caixa via preço dessas vendas."[43]

---

43 MARTINS, Eliseu; IUDÍCIBUS, Sérgio de. Intangível: sua relação contabilidade/direito: teoria, estruturas conceituais e normas – problemas fiscais de hoje. In: MOSQUERA, Roberto Quiroga; LOPES, Alexsandro Broedel (Coord.). *Controvérsias jurídico-contábeis (aproximações e distanciamentos)*. São Paulo: Dialética, 2011. v. 2. p. 69-87. p. 83.

Merece menção também o fato de que a Lei n. 9.532/1997 em nada mudou a metodologia de desdobramento do custo de aquisição dos investimentos avaliados pelo MEP, prevista pelo artigo 20 do Decreto-lei n. 1.598/1977. Bem assim, não alterou a regra geral estabelecida pelo seu artigo 33, continuando o ágio e o deságio, como regra, apenas sendo computados no lucro real no ato de realização do investimento, para fins de determinação do ganho ou perda de capital.

Por fim, a Lei n. 9.532/1997 também não alterou os fundamentos econômicos elencados pelo Decreto-lei. Apesar de todas as críticas, a alternativa "fundo de comércio, intangíveis e outras razões econômicas" continuava a figurar como legítimo fundamento econômico para o ágio ou deságio pago.

Ou seja, o legislador tributário optou por modificar a regra especial, eliminando os entraves do artigo 34 do Decreto-lei 1.598/1977, mas manteve as diretrizes originais da norma, que remontam aos anos 1970. A prática contábil, no entanto, caminhava em outra direção. Como visto, em 1996 a CVM publicou a Instrução n. 247, que já apresentava algumas diferenças em relação ao Decreto-lei. Esse distanciamento entre os universos contábil e fiscal encontrou seu ápice na década seguinte, como consequência do movimento de recepção dos padrões internacionais de contabilidade, inaugurado pela Lei n. 11.638/2007.

1.4 Convergência da contabilidade aos padrões IFRS

No Brasil, temos, de certa maneira, uma contabilidade juridicizada. A Lei das S.A. (art. 176 e seguintes) dispõe sobre a elaboração de Demonstrações Financeiras, composição do balanço patrimonial das empresas, inclusive com a definição das contas de ativos e passivos, mensuração de elementos patrimoniais, e definições sobre o patrimônio líquido e resultado. O Código Civil (Lei n. 10.406, de 10 de janeiro de 2002) também possui disciplina dedicada à escrituração contábil, porém mais genérica e menos especializada do que aquela prevista pela Lei das S.A., além de ser alvo de constantes críticas pelos contadores.[44]

A Lei das S.A. surgiu com o objetivo declarado de consolidação do mercado de capitais brasileiro, fornecendo as ferramentas necessárias para que o país fosse colocado no mapa dos investimentos em capitais de risco. A ideia era mobilizar a "poupança popular [...] para o setor empresarial", o que exigiria "[...] o estabelecimento de uma sistemática que assegure ao acionista minoritário o respeito a regras definidas e eqüitativas, as quais, sem imobilizar o empresário em suas iniciativas, ofereçam atrativos suficientes de segurança e rentabilidade."[45]

Embora essa legislação tenha revolucionado a contabilidade, a norma ficou congelada no tempo. Passados trinta anos sem que fosse revisada, se, por um lado, "[...] a Lei das S.A. [...] havia nos colocado num elevado nível comparativamente a outros países, a demora na sua renovação nos colocou em atraso [...]".[46]

---

44 Sobre as normas de contabilidade contidas no Código Civil, observa-se que "[...] trata-se de uma Lei totalmente extemporânea, fora da realidade nacional e com atrasos enormes com relação ao que já tínhamos à época, imagine-se com a convergência atual às normas internacionais de contabilidade!" GELBCKE, Rubens et al. *Manual de contabilidade societária*: aplicável a todas as sociedades: de acordo com as normas internacionais e do CPC. 3. ed. São Paulo: Atlas/FIPECAFI, 2018. p. 13.

45 BRASIL. Ministério da Fazenda. *Exposição de Motivos n. 196, de 24 de junho de 1976*. Brasília, DF, 1976a. Não paginado.

46 GELBCKE, Rubens et al. *Manual de contabilidade societária*: aplicável a todas as sociedades: de acordo com as normas internacionais e do CPC. 3. ed. São Paulo: Atlas/FIPECAFI, 2018. p. vi.

Na verdade, há notícias de que desde a década de 1980 já havia planos para atualização da Lei das S.A., ideia que começou a tomar forma em 1999, com a apresentação de anteprojeto para a reformulação da Lei.[47]

Na medida em que a contabilidade não era, do ponto de vista legal, atualizada, o que se assistiu foi o império da legislação tributária em muitas áreas que, a princípio, seriam de competência das Ciências Contábeis.[48] Exemplo disso era a disciplina trazida pelo Decreto-lei n. 1.598/1977 em relação ao desdobramento do custo de aquisição de investimentos avaliados pelo MEP, com a determinação da equação para apuração do ágio ou deságio e indicação dos seus fundamentos econômicos.

Nos anos 2000, a evolução dos padrões contábeis no cenário internacional estava a todo vapor. Merecem destaque as atividades do International Accounting Standards Board, espécie de comitê internacional baseado em Londres e que, desde 2001,

---

47 Conforme o tópico *I - Justificativas para a Revisão da Lei*. BRASIL. Ministério da Fazenda. *Anteprojeto de reformulação da Lei nº 6.404/76*. Brasília, DF, 1999.

48 "Embora se pudesse imaginar, à primeira vista, que o lucro líquido seria formado a partir de institutos próprios da Contabilidade, tratando o legislador tributário simplesmente de partir daquela grandeza, para chegar ao lucro real, o fenômeno a que se assistiu foi inverso. O legislador tributário acabou por regular detalhadamente procedimentos contábeis e, na falta de comando diverso imposto pela lei societária - até que viesse a ser editada a Lei nº 11.638/2007 -, presenciou-se verdadeira inversão no papel esperado: no lugar de a lei tributária partir de um resultado preexistente - contábil -, passou a intervir na formação daquele. A Contabilidade veio a servir de ferramenta a serviço da tributação. O legislador tributário usou e abusou daquela, certo de contar com aliada segura para a correta captura dos fenômenos econômicos e tradução em linguagem adequada à incidência tributária. Até que surgisse a referida lei, a Contabilidade abandonara sua missão de apresentar a condição econômica da empresa, limitando-se ao papel acessório que lhe fora destinado pelo legislador tributário." SCHOUERI, Luís Eduardo. *Ágio em reorganizações societárias*: aspectos tributários. São Paulo: Dialética, 2012. p. 14-15.

incumbiu-se de definir os padrões internacionais de contabilidade, os chamados IFRS.[49] Conforme observa Elidie Palma Bifano:

> O IFRS é fruto da globalização dos negócios, especialmente em decorrência da associação do capital e da tecnologia que aproximaram investidores, mercados e interesses, uniformizando comportamentos e necessidades, inclusive as práticas e os padrões contábeis.[50]

Em 2007, o Brasil, juntamente com países como o Canadá, Chile, Israel e Coréia do Sul, estabeleceu espécie de pré-compromisso para a adoção dos IFRS.[51] No mesmo ano, foi publicada a Lei n. 11.638/2007, marco para o processo de convergência da legislação societária brasileira aos padrões internacionais de contabilidade, movimento consolidado com a edição da Lei n. 11.941/2009.

As Leis n. 11.638/2007 e n. 11.941/2009 forneceram o arcabouço jurídico necessário para o alinhamento do Brasil com o IFRS. Conceitos como a avaliação de ativos e passivos a valor justo, *impairment* de ativos, valor presente, entre tantos outros, foram incorporados oficialmente ao ordenamento jurídico brasileiro. Segundo anotação registrada por Elidie Palma Bifano, esse alinhamento

> [...] veio facilitar e, em alguns casos, permitir que empresas brasileiras atuem em diferentes países, interagindo

49 IFRS FOUNDATION. *Who we are*. London, 2019. Disponível em: <https://www.ifrs.org/about-us/who-we-are/>. Acesso em: 15 fev. 2019.

50 BIFANO, Elidie Palma. Contabilidade e direito: a nova relação. In: MOSQUERA, Roberto Quiroga; LOPES, Alexsandro Broedel (Coord.). *Controvérsias jurídico-contábeis (aproximações e distanciamentos)*. São Paulo: Dialética, 2010. p. 116-137. p. 119-120.

51 IFRS FOUNDATION. *Who we are*. London, 2019. Disponível em: <https://www.ifrs.org/about-us/who-we-are/>. Acesso em: 15 fev. 2019.

> com investidores e agentes do mercado financeiro e de capitais ali localizados, minimizando riscos causados por eventuais divergências de entendimento acerca da formulação econômica das demonstrações financeiras.[52]

A nova contabilidade possui diversos aspectos de contraponto em relação aos parâmetros praticados no Brasil até 2007, porém, de maneira geral, conforme bem explicam Roberto Quiroga Mosquera e Alexsandro Broedel Lopes, duas inovações se destacam: i) os registros contábeis passaram a ser manifestamente pautados "[...] pela essência econômica das operações, a despeito da forma jurídica [...]"; e ii) a determinação dos elementos patrimoniais passou a ser voltada "[...] para conceitos como valor justo e vida útil econômica, abandonando os tradicionais meios atrelados ao custo histórico e regras fiscais que predominavam sobre o contábil [...]".[53]

Ainda, a Lei n. 11.638/2007 adicionou o artigo 10-A à Lei n. 6.385/1976, cujo *caput* permitiu que a CVM, o Banco Central do Brasil e demais órgãos e agências reguladoras pudessem "[...] celebrar convênio com entidade que tenha por objeto o estudo e a divulgação de princípios, normas e padrões de contabilidade e de auditoria [...]". Esse dispositivo abriu caminho para que o exercício da contabilidade fosse realizado por meio de atos infralegais, conferindo a necessária dinamicidade à

---

52 BIFANO, Elidie Palma. As novas normas de convergência contábil e seus reflexos para os contribuintes. In: MOSQUERA, Roberto Quiroga; LOPES, Alexsandro Broedel (Coord.). *Controvérsias jurídico-contábeis (aproximações e distanciamentos).* São Paulo: Dialética, 2011. v. 2. p. 51-68. p. 51.

53 LOPES, Alexsandro Broedel; MOSQUERA, Roberto Quiroga. O direito contábil: fundamentos conceituais, aspectos da experiência brasileira e implicações. In: MOSQUERA, Roberto Quiroga; LOPES, Alexsandro Broedel (Coord.). *Controvérsias jurídico-contábeis (aproximações e distanciamentos).* São Paulo: Dialética, 2010. p. 56-81. p. 77.

evolução dos padrões contábeis, que derivam essencialmente da prática, e cujo desenvolvimento não poderia depender apenas da atividade legislativa.

O parágrafo único, do artigo 10-A, definiu a referida "entidade" como sendo um organismo majoritariamente composto por contadores, dela fazendo parte, paritariamente, representantes de entidades representativas de sociedades submetidas ao regime de elaboração de demonstrações financeiras, de sociedades que auditam e analisam as demonstrações financeiras, do órgão federal de fiscalização do exercício da profissão contábil e de universidade ou instituto de pesquisa com reconhecida atuação na área contábil e de mercado de capitais.

A Lei n. 11.638/2007 estava fazendo uma clara alusão ao Comitê de Pronunciamentos Contábeis, constituído alguns anos antes pela Resolução CFC n. 1.055, de 7 de outubro de 2005. O objetivo declarado do Comitê (art. 3º) é justamente

> [...] o estudo, o preparo e a emissão de Pronunciamentos Técnicos sobre procedimentos de Contabilidade [...] visando à centralização e uniformização do seu processo de produção, levando [...] em conta a convergência da Contabilidade Brasileira aos padrões internacionais.[54]

De lá para cá, já foram emitidos pelo Comitê de Pronunciamentos Contábeis mais de cinco dezenas de Pronunciamentos Técnicos – os chamados CPC –, e várias outras Interpretações (ICPC) e Orientações Técnicas (OCPC).

É importante se ter em perspectiva que, após a Lei n. 11.638/2007, o alcance da disciplina contida na Lei das S.A. e dos CPCs foi significativamente ampliado. Primeiro porque o artigo

54 Resolução CFC n. 1.055/2005, art. 3º.

3º da Lei n. 11.638/2007 prescreveu que as disposições da Lei das S.A. sobre a escrituração e elaboração de demonstrações financeiras também se aplicam às sociedades de grande porte, ainda que não constituídas sob a forma de sociedades por ações. E, em segundo lugar, porque os CPCs têm sido largamente aprovados pelas entidades conveniadas, sobretudo pelo CFC, cujas diretrizes abrangem praticamente todas as empresas.[55]

Além de alinhar a Lei das S.A. aos padrões internacionais de contabilidade, a Lei n. 11.638/2007 finalmente "[...] 'libertou' a contabilidade das amarras do Fisco [...]".[56] Em particular, a Lei n. 11.941/2009 adicionou dispositivo à Lei das S.A. (artigo 177, § 2º) expressamente proibindo que as disposições da legislação tributária implicassem modificação da escrituração mercantil e das demonstrações financeiras das empresas.

Adicionalmente, a Lei n. 11.941/2009 (artigo 15 e seguintes) instituiu o RTT, estabelecendo que as alterações introduzidas pela Lei n. 11.638/2007 e pela própria Lei n. 11.941/2009, relativas a novos critérios contábeis, não teriam efeitos para fins de apuração do lucro real, devendo ser considerados, para fins tributários, os métodos e critérios contábeis vigentes em 31 de dezembro de 2007 (período anterior à Lei n. 11.638/2007). Com isso,

---

55 "Com essa participação do Conselho Federal de Contabilidade, está-se tendo a expansão das normas, que antes atingiam apenas as sociedades anônimas abertas e as sociedades de grande porte, para praticamente todas as entidades no Brasil, com exceção das microempresas e empresas de pequeno porte, que podem optar pela Res. nº 1.418/12." GELBCKE, Rubens et al. *Manual de contabilidade societária*: aplicável a todas as sociedades: de acordo com as normas internacionais e do CPC. 3. ed. São Paulo: Atlas/FIPECAFI, 2018. p. v.

56 MARTINS, Natanael. A realização da renda como pressuposto de sua tributação: análise sobre a perspectiva da nova contabilidade e do RTT. In: MOSQUERA, Roberto Quiroga; LOPES, Alexsandro Broedel (Coord.). *Controvérsias jurídico-contábeis (aproximações e distanciamentos)*. São Paulo: Dialética, 2010. p. 346-370. p. 357.

> [...] introduziu-se, no Brasil, a prática de duas espécies de Contabilidade: a Contabilidade Societária, da qual se extraem dados e elementos para cálculo dos tributos (lucro, receita, custos etc.) e a Contabilidade Tributária, que ajusta a Contabilidade Societária aos padrões de 31 de dezembro de 2007.[57]

Conforme será visto, o RTT só foi extinto muitos anos depois, com a edição da Lei n. 12.973/2014.

Em se tratando de investimentos avaliados pelo MEP, normas específicas passaram a ser publicadas pelo Comitê de Pronunciamentos Contábeis, e coube ao CPC 15 inaugurar a era de ruptura da contabilidade com o artigo 20, do Decreto-lei n. 1.598/1977.

1.4.1 CPC 15: Combinação de Negócios

Importa recordar que, no silêncio da Lei das S.A., o legislador tributário decidiu ele mesmo estipular como o custo de aquisição de investimentos avaliados pelo MEP deveria ser desdobrado e registrado contabilmente, matéria originalmente tratada pelo artigo 20 do Decreto-lei 1.598/1977, norma de natureza fiscal. Passadas mais de três décadas de inércia da legislação societária sobre o tema, as determinações da legislação fiscal foram assimiladas pelas empresas tal como se prática contábil fosse. Nas palavras de Luís Eduardo Schoueri, até "[...] que fosse editada a Lei nº 11.638/2007, a contabilidade seguia, sem maiores questionamentos, a distinção imposta pela legisla-

57 BIFANO, Elidie Palma. Contabilidade e direito: a nova relação. In: MOSQUERA, Roberto Quiroga; LOPES, Alexsandro Broedel (Coord.). *Controvérsias jurídico-contábeis (aproximações e distanciamentos)*. São Paulo: Dialética, 2010. p. 116-137. p. 124.

ção tributária, inclusive no que se referia à necessidade de fundamentação para o ágio."[58]

Em meados de 2009 tudo mudou quando o Comitê de Pronunciamentos Contábeis aprovou a primeira versão do seu CPC 15, Combinação de Negócios, norma que possui correspondência com o IFRS 3 - *Business Combinations* e hoje concentra as principais disposições sobre o reconhecimento do ágio por rentabilidade futura, referido pelo CPC como "*goodwill*".

Na definição do CPC 15, uma "combinação de negócios" corresponde ao evento, conduzido entre partes independentes, por meio do qual uma entidade "[...] obtém o controle de um ou mais negócios, independentemente da forma jurídica da operação [...]".[59] Apenas por essa definição já se abstraem três inovações em relação à legislação tributária então vigente: i) menção à necessidade de a transação ocorrer entre partes independentes, condicionante até então nunca prevista pela regra fiscal; ii) aplicação direcionada às operações em que se adquire controle; e iii) abrangência da norma em relação à compra de qualquer negócio, seja ele constituído sob a forma de uma pessoa jurídica ou não.

As expressões "negócio", "controle" e "partes independentes" são fundamentais para interpretação do CPC 15.

O CPC define "negócio" como "[...] um conjunto integrado de atividades e ativos capaz de ser conduzido e gerenciado para gerar retorno, na forma de dividendos, redução de custos ou outros benefícios econômicos, diretamente a seus investidores ou outros proprietários, membros ou participantes".[60] Assim, um

58 SCHOUERI, Luís Eduardo. *Ágio em reorganizações societárias*: aspectos tributários. São Paulo: Dialética, 2012. p. 40.

59 CPC 15 (R1), Apêndice A.

60 CPC 15 (R1), Apêndice A.

negócio não necessariamente deverá estar organizado na forma de uma pessoa jurídica, mas pode ser representado, por exemplo, por um estabelecimento ou divisão de negócios de uma empresa. Uma fábrica poderá ser entendida pelo CPC 15 como um negócio tanto quanto uma sociedade empresária.

Na atual versão do CPC 15, que em 2011 foi submetido a uma primeira revisão, não há mais uma definição própria de "controle". Porém, ao dispor sobre a combinação de negócios de entidades sob controle comum, o CPC refere-se a controle como sendo o "[...] poder para governar suas políticas financeiras e operacionais de forma a obter os benefícios de suas atividades [...]".[61] Embora representado de maneira mais sucinta, o conceito utilizado pelo CPC guarda relação com a definição de controle empregada pela Lei das S.A., estudada no Capítulo 1, que associa o "controle" ao "poder" de efetiva gestão da entidade.

Por fim, o CPC 15 também não traz uma definição específica para o termo "partes independentes", mas pela leitura da norma é possível abstrair que a identificação de uma combinação de negócios pressupõe que a transação tenha sido contratada entre entidades que atuaram na defesa de seus próprios interesses, livre da esfera de influência umas das outras. De outro modo, se estaria diante da simples reorganização de atividades que já seriam geridas pelos agentes envolvidos.[62]

---

61 CPC 15 (R1), item B2.

62 Conforme estudado nos tópicos anteriores, a legislação societária associa a relação de dependência ao poder que uma das partes exerce sobre a definição das políticas financeira ou operacional da outra, capacidade usualmente denominada de "influência significativa". Essa expressão é empregada tanto pela Lei das S.A. quanto pelo CPC 18 – Investimento em Coligada, em Controlada e em Empreendimento controlado em Conjunto na definição das relações de controle e coligação relativa a investimentos mantidos em outras sociedades.

O CPC oferece detalhada e complexa disciplina para o desdobramento do custo de aquisição do controle de um negócio. Para os propósitos desta obra, interessa saber, de forma sintética, que a metodologia apresentada pelo CPC se apoia em dois principais passos, quais sejam:

i) Mensuração dos ativos líquidos a valor justo: na data da aquisição, os "ativos identificáveis"[63] e "passivos assumidos"[64] relacionados ao negócio adquirido deverão ser avaliados a "valor justo"[65], sendo este valor equivalente ao "[...] preço que seria recebido pela venda de um ativo ou que seria pago pela transferência de um passivo em uma transação não forçada [...] na data de mensuração nas condições atuais de mercado [...]"[66]; e

ii) Apuração do *goodwill* ou ganho por compra vantajosa: caso o preço de compra seja superior ao valor jus-

---

63 "[...] Um ativo é identificável quando: (a) for separável, ou seja, capaz de ser separado ou dividido da entidade e vendido, transferido, licenciado, alugado ou trocado, individualmente ou em conjunto com outros ativos e passivos; ou (b) surge de um contrato ou de outro direito legal, independentemente de esse direito ser transferível ou separável da entidade e de outros direitos e obrigações." CPC 15 (R1), Apêndice A.

64 "À medida que os passivos passaram a ser cada vez mais negociados e aumentou a percepção de que muitos deles podem ter valor de mercado muito diferente de seus valores contábeis (uma empresa pode readquirir debêntures por valores muito inferiores aos seus valores contabilizados mensurados à base do valor original mais encargos apropriados pela competência, por exemplo) [...]". MARTINS, Eliseu; IUDÍCIBUS, Sérgio de. Intangível: sua relação contabilidade/direito: teoria, estruturas conceituais e normas – problemas fiscais de hoje. In: MOSQUERA, Roberto Quiroga; LOPES, Alexsandro Broedel (Coord.). *Controvérsias jurídico-contábeis (aproximações e distanciamentos).* São Paulo: Dialética, 2011. v. 2. p. 69-87. p. 80.

65 CPC 15 (R1), item 18.

66 CPC 46, item 24.

> to dos ativos líquidos que compõem o negócio (i), a diferença entre ambos será classificada como um ágio por expectativa de rentabilidade futura – ou *goodwill*[67], conforme terminologia adotada pelo IFRS 3 – *Business Combinations* e importada pelo CPC 15. Caso o custo de aquisição seja inferior, o adquirente terá percebido um ganho por compra vantajosa (antigo deságio), a ser computado como uma receita na data da compra.[68]

Essa metodologia é denominada pelo CPC 15 como "método de aquisição", porém é também comumente referida na linguagem da contabilidade internacional como *purchase price allocation*. O PPA "[...] visa distribuir o valor dispendido pelo comprador de acordo com a natureza dos elementos que influenciaram na definição do preço (valor justo dos ativos identificáveis, passivos assumidos e rentabilidade futura do negócio) [...]".[69]

Tendo em vista que a presente obra é dedicada a estudar os efeitos do desdobramento do preço pago pelo sócio na aquisição de participação em entidade já controlada, impende demonstrar como, em uma situação padrão, a metodologia do CPC 15 seria empregada na compra de um negócio constituído sob a forma de uma pessoa jurídica. Nessa hipótese, a ICPC 09, em adaptação dos preceitos do CPC 15, ensina que o desdobramento contábil do preço de compra pelo adquirente deve ser assim demonstrado[70]:

---

67 CPC 15 (R1), item 32.

68 CPC 15 (R1), item 34.

69 NEDER, Marcos Vinicius; SARAIVA, Telírio Pinto. Contribuição para o PIS/Pasep e COFINS e o ganho por compra vantajosa. In: GODOI, Marciano Seabra de; ROCHA, Sergio André (Org.). *Planejamento tributário*: limites e desafios concretos. Belo Horizonte: D'Plácido, 2018. p. 335-351. p. 342.

70 ICPC 09 (R2), itens 18-34.

i) Primeiro, há o reconhecimento do valor patrimonial do investimento, obtido pela multiplicação do percentual da participação adquirida pela totalidade do patrimônio líquido contábil da investida;

ii) Em seguida, deve-se comparar o valor justo dos ativos líquidos atrelados a essa aquisição (proporcional a participação adquirida) e o valor patrimonial do investimento (item "i", acima). Se o valor justo for superior, a diferença será classificada como uma mais-valia de ativos líquidos. Em sendo inferior, como uma menos-valia;

iii) Por fim, há a comparação do preço pago com o valor justo dos ativos líquidos. Como visto, se o custo de aquisição superar o valor justo, a diferença representará um *goodwill* para o adquirente[71]. Sendo inferior, estaremos diante de um ganho por compra vantajosa.[72]

Considere-se hipoteticamente que a entidade A adquiriu por R$ 100 milhões 50% mais uma ação ordinária do capital da empresa B, participação representativa do seu controle. Na data da compra, a empresa B apresentava um patrimônio líquido de R$ 50 milhões, sendo a avaliação do valor justo dos seus ativos líquidos equivalente a R$ 70 milhões. Nos termos das normas contábeis em estudo, o custo de aquisição dessa participação deveria ser desdobrado por A entre (i) um investimento de R$ 25

71 Caso não exista justificativa econômica para o *goodwill*, esse sobrepreço deverá ser reconhecido pelo adquirente como uma perda, e não como um elemento do ativo associado ao investimento adquirido.

72 GELBCKE, Rubens et al. *Manual de contabilidade societária*: aplicável a todas as sociedades: de acordo com as normas internacionais e do CPC. 3. ed. São Paulo: Atlas/FIPECAFI, 2018 p. 210-211.

milhões, (ii) mais-valia de ativos líquidos de R$ 10 milhões, e (iii) um ágio de R$ 65 milhões.

Desdobramento custo de aquisição: CPC 15

Premissas		**R$ milhões**
(a)	Valor pago por A na aquisição de B	100,00
(b)	Empresa B: Patrimônio Líquido Contábil	50,00
(c)	Empresa B: Valor justo ativos líquidos	70,00
(d)	Participação adquirida	50%
Empresa A (adquirente) - Desdobramento do custo		
(e) = (d x b)	Investimento em B (50%)	25,00
(f) = (d x c) - (e)	Mais-valia ativos líquidos de B	10,00
(a - e - f)	Ágio investimento em B	65,00

Nota-se que, pelo atual regramento contábil, o ágio assume o papel de figura residual, equivalente à parcela do preço paga exclusivamente em decorrência da capacidade de geração de benefícios econômicos futuros do negócio, não relacionada diretamente a um ativo ou passivo do negócio, mas ao potencial do empreendimento em si.[73] No melhor ensinamento do professor Sergio de Iudícibus, o *goodwill* representa "[...] aquele 'algo

73 "[...] o *Goodwill*, em contabilidade, é sempre um resíduo, um conjunto de fatores que não conseguem passar pelo teste da inseparabilidade. Isto é, existe sim uma ordem na Contabilidade: primeiramente se avaliam os ativos tangíveis e intangíveis identificáveis e separáveis para só depois, por mera diferença, avaliar-se o Ágio por expectativa de rentabilidade futura." MARTINS, Eliseu; IUDÍCIBUS, Sérgio de. Intangível: sua relação contabilidade/direito: teoria, estruturas conceituais e normas – problemas fiscais de hoje. In: MOSQUERA, Roberto Quiroga; LOPES, Alexsandro Broedel (Coord.). *Controvérsias jurídico-contábeis (aproximações e distanciamentos)*. São Paulo: Dialética, 2011. v. 2. p. 69-87. p. 80.

a mais' pago sobre o valor de mercado do patrimônio líquido das entidades adquiridas a refletir uma expectativa (subjetiva) de lucros futuros em excesso de seus custos de oportunidade [...]".[74]

Dessa forma, com a edição do CPC 15 não há mais que se falar – ao menos para fins contábeis – em fundamento do ágio de acordo com o Decreto-lei n. 1.598/1977, enquadrando-o como rentabilidade futura, mais valia de ativos, fundo de comércio, intangíveis ou outras razões econômicas. Hoje o *goodwill* é, por definição, pura expectativa de que o negócio será lucrativo.

Outra questão que merece nota é o fato de o ágio, após as inovações da Lei das S.A., não ser mais passível de amortização. Isso porque, em essência, não é possível estimar com confiança o prazo pelo qual esse ativo será realizado (*e.g.* período em que a investida irá gerar a rentabilidade esperada). Assim, por representar um ativo com vida útil indefinida, o ágio não deve ser amortizado, sendo apenas suscetível a revisão periódica do seu valor recuperável[75] (teste de *impairment*).[76] Esse aspecto tornou ainda mais distante o tratamento agora conferido pela contabilidade ao *goodwill* daquele previsto pela legislação tributária.

Conforme estudado, tem-se como premissa que, para fins contábeis, o surgimento do *goodwill* depende de a operação ser qualificada como uma combinação de negócios, isto é, está condicionado à verificação da efetiva aquisição do controle de um negócio. Por essa via, os mandamentos do CPC 15 não seriam, a princípio, aplicáveis a operação em que o sócio adquire

---

74 IUDÍCIBUS, Sérgio de. *Teoria da Contabilidade*. 8. ed. São Paulo: Atlas, 2006. p. 234.

75 CPC 04 (R1), itens 107 e 108.

76 GELBCKE, Rubens et al. *Manual de contabilidade societária*: aplicável a todas as sociedades: de acordo com as normas internacionais e do CPC. 3. ed. São Paulo: Atlas/FIPECAFI, 2018. p. 217.

participação adicional em entidade já controlada. Necessário, portanto, conferir qual o tratamento dispensado pelos CPCs a essa situação específica.

1.4.2 CPC 36: Comentários sobre a consolidação de demonstrações financeiras

A lógica empregada pelo CPC 15 tem as suas origens nas regras que governam a consolidação de demonstrações financeiras. Antes de buscar compatibilizar as eventuais contradições existentes entre os normativos contábil e fiscal sobre o registro do ágio, importa primeiro entender as raízes do racional adotado pela contabilidade.

Conforme já estudado, historicamente investimentos em outras sociedades eram, via de regra, contabilizados pelo seu custo de aquisição, tendo o MEP surgido depois, como um aprimoramento do sistema contábil em contraponto às imperfeições do MCA.

Antes, porém, de chegar-se ao MEP, foi desenvolvida a técnica de consolidação de balanços, como mecanismo de divulgação do real acervo patrimonial sob o domínio da entidade investidora controladora. Merece nota interessante comentário a esse respeito:

> Historicamente, não havia, há muito tempo, equivalência patrimonial nem consolidação de balanços, apenas o custo era utilizado na mensuração de investimentos em outras sociedades. Primeiro foi concebida a técnica de consolidação para que se pudesse evidenciar o total dos ativos, passivos, receitas e despesas sob o comando da sociedade controladora [...].
>
> Mas os investimentos em sociedades não controladas não se incorporam às demonstrações da investidora, porque

> não podem ser consolidadas; afinal, a consolidação só é admitida para as entidades sobre as quais se exerce controle. Assim, as coligadas continuavam pelo custo [...]. Surgiu, então, a ideia de fazer com que os investimentos sobre os quais a investidora tivesse influência significativa fossem avaliados por equivalência patrimonial, já que, de alguma forma, por participar do processo decisório, apesar de não controlar, a investidora pôde influenciar a situação patrimonial e financeira da investida. [...] Assim, na verdade, nasceu a equivalência patrimonial: um ajuste às demonstrações consolidadas.[77]

Ou seja, o próprio MEP tem as suas raízes na técnica de consolidação de demonstrações financeiras. Na verdade, os professores de contabilidade usualmente referem-se ao MEP como espécie de "*one line consolidation*. Ou seja, a equivalência patrimonial é uma forma simplificada de consolidação numa linha só, já que, ajustando-se uma única linha do balanço, a dos investimentos, produz-se a incorporação da parcela do lucro ou do prejuízo da investida que cabe à investidora".[78]

A apresentação de demonstrações consolidadas é prática internacionalmente difundida, valiosa, sobretudo, para os mercados de capitais, pois fornece aos usuários das informações contábeis um panorama mais abrangente da posição financeira dos grupos econômicos.[79] Como exemplo, as demonstrações consolidadas já

---

77 GELBCKE, Rubens et al. *Manual de contabilidade societária*: aplicável a todas as sociedades: de acordo com as normas internacionais e do CPC. 3. ed. São Paulo: Atlas/FIPECAFI, 2018. p. 181.

78 MARTINS, Eliseu. *Iniciação à equivalência patrimonial considerando algumas regras novas da CVM*. São Paulo: IOB Informações Objetivas, 1997. p. 1.

79 GELBCKE, Rubens et al. *Manual de contabilidade societária*: aplicável a todas as sociedades: de acordo com as normas internacionais e do CPC. 3. ed. São Paulo: Atlas/FIPECAFI, 2018. p. 714.

são prática nos Estados Unidos há um século.[80] Aliás, nos Estados Unidos a consolidação é a regra, inclusive para fins fiscais.[81]

No Brasil, a técnica de consolidação de demonstrações financeiras também não é nova, sendo prevista já na versão original da Lei das S.A. para as companhias abertas[82] e disciplinada pela Instrução CVM n. 247/1996. No entanto, conforme alertam Alexsandro Broedel Lopes e Eliseu Martins, a Lei das S.A. "[...] normatiza, basicamente, o balanço individual. Trata as demonstrações consolidadas como uma espécie de complemento às demonstrações individuais, tão comente para fins de divulgação, sem qualquer efeito societário."[83]

Hoje, com a aprovação do CPC 36 pelo CFC, as regras de consolidação tiveram o seu alcance ampliado.[84] Nos termos des-

---

80 SANTOS, Ariovaldo dos; MACHADO, Itamar Miranda. Investimentos avaliados pelo método da equivalência patrimonial: erro na contabilização de dividendos quando existem lucros não realizados. *Revista Contabilidade & Finanças*, São Paulo, v. 16, n. 39, p. 7-19, 2005. p. 8.

81 "O caso extremo é o dos EUA. Lá, as normas contábeis só existem para o balanço consolidado quando da existência de uma entidade que controle pelo menos outra entidade. Naquele país só existe balanço individual para fins extremos quando de uma entidade que não possua uma única controlada. Afora essa situação, lá é inclusive vedada a divulgação das demonstrações individuais; só podem ser divulgadas as demonstrações consolidadas." LOPES, Alexsandro Broedel; MARTINS, Eliseu. Do ágio baseado em expectativa de rentabilidade futura: algumas considerações contábeis. In: MOSQUERA, Roberto Quiroga; LOPES, Alexsandro Broedel (Coord.). *Controvérsias jurídico-contábeis (aproximações e distanciamentos)*. São Paulo: Dialética, 2012. v. 3. p. 33-80. p. 43.

82 Lei n. 6.404/1976, art. 249.

83 LOPES, Alexsandro Broedel; MARTINS, Eliseu. Do ágio baseado em expectativa de rentabilidade futura: algumas considerações contábeis. In: MOSQUERA, Roberto Quiroga; LOPES, Alexsandro Broedel (Coord.). *Controvérsias jurídico-contábeis (aproximações e distanciamentos)*. São Paulo: Dialética, 2012. v. 3. p. 33-80. p. 44.

84 Aprovado pelo CFC por meio da Norma Brasileira de Contabilidade TG 36 (R3), publicada em 6 de novembro de 2015.

se CPC, uma entidade que controle uma ou mais entidades está obrigada a apresentação de demonstrações consolidadas.[85] Esse Pronunciamento encontra correspondência no IFRS 10 – *Consolidated Financial Statements*, emitido pelo International Accounting Standards Board, e é suportado pela premissa de que cabe ao sócio controlador o dever de apresentar de forma integrada ao seu próprio patrimônio a totalidade do acervo das suas entidades controladas.

Na definição do CPC 36, "*Demonstrações consolidadas* são as demonstrações contábeis de *grupo econômico* [...]".[86] Grosso modo, consolidar significa apresentar demonstrações financeiras com a indicação de todo o acervo patrimonial sob a gestão da empresa controladora, o que implica não só demonstrar os elementos integrantes do patrimônio da controladora, mas também a totalidade dos ativos, passivos, resultados e fluxos de caixa das suas controladas, ainda que a controladora não detenha 100% de participação nas controladas.

Ou seja, a consolidação é pautada pela existência da relação de controle, independentemente da relação de propriedade.[87] Como exemplo, ainda que a empresa A controle a sociedade B detendo apenas 60% do seu capital, A deverá apresentar demonstrações consolidadas com a apresentação de 100% dos ativos, passivos, resultados e fluxos de caixa da controlada B, ainda que os demais 40% sejam detidos por terceiros.

Essa metodologia causa a falsa impressão de que, nos termos do exemplo acima, a entidade A teria 100% de participação em

---

85 CPC 36 (R3), item 2 (a).

86 CPC 36 (R3), Apêndice A.

87 GELBCKE, Rubens et al. *Manual de contabilidade societária*: aplicável a todas as sociedades: de acordo com as normas internacionais e do CPC. 3. ed. São Paulo: Atlas/FIPECAFI, 2018. p. 714.

B, por ter consolidado patrimônio que, na verdade, pertence aos sócios não controladores (40%). Assim, à primeira vista, a técnica de consolidação iria de encontro à equidade na relação entre as contas de ativo, passivo e patrimônio líquido.

No entanto, a própria Lei das S.A. busca contornar essa questão, determinando que a "participação dos acionistas não controladores no patrimônio líquido e no lucro do exercício será destacada, respectivamente, no balanço patrimonial e na demonstração do resultado do exercício."[88] A norma contábil reitera essa solução, prevendo que a controladora apresente "[...] as participações de não controladores no balanço patrimonial consolidado, dentro do patrimônio líquido [...]", separadamente da parcela do patrimônio líquido pertencente aos sócios da controladora.[89]

Vale dizer, a "*participação de não controlador* é a parte do patrimônio líquido da controlada não atribuível, direta ou indiretamente, à *controladora*." [90] No patrimônio líquido consolidado do grupo econômico, apresentado pela entidade controladora, a participação de não controladores será exibida em conta específica do patrimônio líquido consolidado, denominada como "participação dos sócios não controladores", segregada da participação dos controladores, de modo a demonstrar os direitos residuais detidos pelos não controladores no capital das entidades consolidadas.[91]

Ou seja, de um lado, tem-se por meio da consolidação a apresentação de 100% dos ativos e passivos das controladas, e de ou-

---

88 Lei n. 6.404/1976, art. 250, § 1º.

89 CPC 36 (R3), item 22.

90 CPC 36 (R3), Apêndice A.

91 GELBCKE, Rubens et al. *Manual de contabilidade societária*: aplicável a todas as sociedades: de acordo com as normas internacionais e do CPC. 3. ed. São Paulo: Atlas/FIPECAFI, 2018. p. 739.

tro, no patrimônio líquido consolidado, é computada a soma das participações dos sócios não controladores juntamente com a participação do controlador. Dessa forma, mantém-se o equilíbrio esperado do balanço patrimonial consolidado.

A consolidação se vale ainda de uma metodologia de eliminação de contas e transações intragrupo, para que se evite o registro de valores em duplicidade, lançando mão da seguinte técnica[92]:

i) combinação de acervos: devem ser combinados os itens similares de ativos, passivos, patrimônio líquido, receitas, despesas e fluxos de caixa da controladora com os de suas controladas. Isto é, a integralidade dos recursos em caixa das controladas, dos seus estoques, obrigações, receitas, custos, etc., são somados aos recursos, estoques, obrigações, receitas e custos da própria controladora, como se controladora e controladas fossem uma única empresa;

ii) eliminação das contas de investimentos em controladas: no balanço individual da controladora, a participação das controladas é registrada como um investimento, avaliado por equivalência patrimonial. Há, portanto, o registro na contabilidade da controladora do acervo patrimonial da investida ("consolidação em uma linha"). No balanço consolidado, porém, não há sentido em se demonstrar essas participações em conta de investimento, tendo em vista que o próprio acervo das investidas passa a ser apresentado em conjunto com o patrimônio e resultado da controladora. Dessa forma, devem ser eliminados nas demonstrações fi-

92 CPC 36 (R3), item B86.

nanceiras consolidadas o valor contábil do investimento da controladora em cada controlada [93]; e

iii) eliminação de transações intragrupo: pela mesma lógica, devem ser também eliminados ativos, passivos, receitas, etc., relacionados a transações entre a controladora e suas controladas.

Para efeitos de comparação, consideremos que a empresa B, controlada da entidade A, possua R$ 100 mil em sua conta de "caixa e bancos". Na demonstração individual da controladora A, esse caixa é indiretamente capturado pela contabilização do investimento na empresa B, via aplicação do MEP. No balanço patrimonial consolidado de A, porém, haverá a eliminação do investimento na empresa B, e em seu lugar, os próprios ativos e passivos dessa controlada serão diretamente apresentados pela controladora. Desse modo, os R$ 100 mil de recursos mantidos em caixa pela empresa B serão apresentados diretamente como caixa da controladora A.

O CPC 36 prediz também que alterações "[...] na participação societária detida por controladores [...] na controlada que não resultam na perda de controle [...] constituem transações patrimoniais [...]". Isto significa que, qualquer operação que resulte alteração da participação detida pelo controlador, mas que não implique modificação do status de controle, é, na visão do controlador, entendida como uma transação com os sócios ("transação patrimonial"), "[...] tais quais operações de aquisição de suas próprias ações para manutenção em tesouraria [...]".[94]

Por meio dessa técnica, até então não adotada pelas normas brasileiras de contabilidade, os reflexos dessas operações

---

93 Lei n. 6.404/1976, art. 250, I, II e III.

94 CPC 36 (R3), item 23.

são registrados em contas do patrimônio líquido nas demonstrações financeiras consolidadas, por serem entendidas como transações patrimoniais. Sobre o assunto, merece menção a comentário registrado pelo atual Manual de Contabilidade Societária da FIPECAFI:

> Diferentemente, portanto, do que se vinha praticando no Brasil antes do processo de convergência para as normas internacionais, como transações de capital entre sócios, tudo será acertado no próprio patrimônio líquido consolidado. Em resumo, haverá uma alteração na participação relativa dos não controladores, que ficará maior ou menor, e isso implicará ter de ajustar o valor contábil da participação dos não controladores.[95]

Especificamente ao abordar os efeitos relativos à mudança na proporção das participações de não controladores, o CPC 36 dispõe o seguinte:

i) o valor contábil das participações do controlador e dos não controladores, escriturada no balanço consolidado, deverá ser ajustado de modo a refletir as respectivas alterações nos percentuais de participação; e

ii) eventual diferença entre o preço pago ou recebido e o valor contábil relativo ao ajuste das participações deverá ser reconhecida diretamente no patrimônio líquido. Ou seja, caso o sócio controlador pague ao não controlador montante superior ao valor contábil da participação adquirida, não haverá ágio a ser registrado

---

95 GELBCKE, Rubens et al. *Manual de contabilidade societária*: aplicável a todas as sociedades: de acordo com as normas internacionais e do CPC. 3. ed. São Paulo: Atlas/FIPECAFI, 2018. p. 754.

> no ativo consolidado. Nessa situação, o ágio tem como contrapartida o próprio patrimônio líquido.[96]

Vale lembrar que, no balanço consolidado, tanto a participação do controlador como a participação dos não controladores é demonstrada em contas do patrimônio líquido. Dessa forma, em uma venda de participação do não controlador para o controlador, sob a ótica desse balanço, haverá apenas uma troca de valor entre rubricas contábeis do patrimônio líquido, representativas da transferência de participação do não controlador para o controlador, mantendo-se, porém, inalterado o valor total do patrimônio líquido atribuído à controlada consolidada. Trata-se de uma operação entre sócios, sem alteração da posição de controle, e por isso é entendida pela contabilidade como uma transação patrimonial.

Assim, operações entre o sócio controlador e os não controladores não impactam o resultado das demonstrações financeiras consolidadas apresentadas pelo sócio controlador, tendo em vista que os ganhos ou perdas nessas transações são contabilizados diretamente em conta do patrimônio líquido. Afinal, "Como o poder da controladora para dirigir as atividades relevantes da controlada não foi afetado, o que muda, de fato, é o tamanho da fatia do bolo que fica para a controladora [...]".[97]

---

96 CPC 36 (R3), item B96: "Quando a proporção do patrimônio líquido detida por participações de não controladores sofrer modificações, a entidade deve ajustar os valores contábeis das participações de controladoras e de não controladores para refletir as mudanças em suas participações relativas na controlada. A entidade deve reconhecer diretamente no patrimônio líquido qualquer diferença entre o valor pelo qual são ajustadas as participações de não controladores e o valor justo da contrapartida paga ou recebida e deve atribuir essa diferença aos proprietários da controladora."

97 GELBCKE, Rubens et al. *Manual de contabilidade societária*: aplicável a todas as sociedades: de acordo com as normas internacionais e do CPC. 3. ed. São Paulo: Atlas/FIPECAFI, 2018. p. 755.

Tendo em perspectiva que não houve alteração na posição de controle, não há que se falar na aplicação da metodologia prevista pelo CPC 15 (PPA). Isto porque, vale lembrar, nos termos desse Pronunciamento, o desdobramento do custo de aquisição conforme o PPA está associado à aquisição de um negócio (conjunto integrado de atividades e ativos), sobre o qual se espera obter benefícios econômicos (*e.g.* dividendos futuros) pela compra do seu controle.[98]

A despeito das disposições do CPC 36, fato é que, no Brasil, apenas as demonstrações individuais têm relevo na apuração de tributos. Nas declarações do imposto sobre a renda da pessoa jurídica, são transmitidos apenas os dados concernentes ao acervo e resultado da própria entidade, e é com base nessas informações que o IRPJ e a CSLL são apurados. Uma empresa não pode deduzir despesas ou ter de tributar receitas de outra, ainda que pertencentes ao mesmo grupo econômico.

O conceito de balanços consolidados é estritamente contábil e visa facilitar a divulgação de informações aos usuários das demonstrações financeiras (investidores, credores, acionistas, entre outros). As "[...] demonstrações consolidadas não se prestam a pagar tributos ou dividendos, mas apenas a informar o mercado com os dados econômicos-financeiros que lhes interessam [...]".[99]

---

98 CPC 15 (R1), Apêndice A: "*Negócio* é um conjunto integrado de atividades e ativos capaz de ser conduzido e gerenciado para gerar retorno, na forma de dividendos, redução de custos ou outros benefícios econômicos, diretamente a seus investidores ou outros proprietários, membros ou participantes. *Combinação de negócios* é uma operação ou outro evento por meio do qual um adquirente obtém o controle de um ou mais negócios, independentemente da forma jurídica da operação. Neste Pronunciamento, o termo abrange também as fusões que se dão entre partes independentes (inclusive as conhecidas por *true mergers* ou *merger of equals*)."

99 BIFANO, Elidie Palma. As novas normas de convergência contábil e seus reflexos para os contribuintes. In: MOSQUERA, Roberto Quiroga; LOPES, Alexsandro Broedel (Coord.). *Controvérsias jurídico-contábeis (aproximações e distanciamentos).* São Paulo: Dialética, 2011. v. 2. p. 51-68. p. 53.

Mas em que a técnica de consolidação influencia a apuração do ágio para fins fiscais, já que as demonstrações consolidadas não se prestam a apuração dos tributos?

Toda a sistemática de contabilização das transações entre sócio controlador e não controladores, e que impede o reconhecimento de ágio em operações desse tipo nos termos do CPC 36, foi transposta pelo Comitê de Pronunciamentos Contábeis para as demonstrações financeiras individuais, que são aquelas que servem de referência para o recolhimento dos tributos. É o que diz a ICPC 09 e é precisamente nesse ponto em que o universo contábil apresenta aparente incompatibilidade com a legislação tributária.

1.4.3 ICPC 09: Tratamento contábil do ágio pago pelo sócio controlador

É de conhecimento geral que a contabilidade trabalha com uma lógica de "partidas dobradas". Se o preço pago pelo sócio controlador é superior ao valor contábil da participação adquirida, afinal, qual a contrapartida do ágio pago, senão em conta de ativo? Tal resposta é fornecida pela ICPC 09.

Além dos CPCs, o Comitê de Pronunciamentos Contábeis emite ainda Interpretações (ICPCs) e Orientações Técnicas (OCPCs), que se dedicam a aprofundar a aplicação dos CPCs, usualmente abordando algumas questões e desdobramentos específicos decorrentes dos Pronunciamentos.

Existem diferenças entre o processo de elaboração das minutas dos CPCs e a aprovação dos ICPCs e OCPCs. Os CPCs são submetidos à audiência pública, mediante consulta a entidades e instituições, como a Receita Federal, agências reguladoras, associações ou institutos profissionais, federações, instituições de ensino e pesquisa e outras que tenham interesse nas normas expedidas pelo Comitê.[100] Esse mesmo rigor não existe na emissão de OCPCs e ICPCs.

No entanto, o caráter "menor" dos ICPCs e OCPCs é apenas aparente. A observância das Orientações e Interpretações expedidas pelo Comitê de Pronunciamentos Contábeis é obrigatória na elaboração e apresentação das demonstrações contábeis. Na verdade, a não aplicação de uma OCPC ou ICPC é apenas permitida em casos excepcionais. A entidade que não aplicar um requisito de uma Interpretação ou Orientação deve expressamente divulgar a justificativa para a não observância da respectiva norma.[101] Isto é, sob a perspectiva contábil, uma ICPC é tão relevante quanto um CPC, não havendo exatamente uma hierarquia entre os CPCs, ICPCs e OCPCs.

É nesse contexto que se passa a estudar a ICPC 09, norma de significativa importância para o tema que se busca examinar.

Conforme visto, o CPC 36 é integralmente direcionado à elaboração de demonstrações financeiras consolidadas. O CPC 15 também é, de maneira geral, voltado à elaboração e apresentação de demonstrações consolidadas.[102] Dentre os objetivos da ICPC 09, destaca-se a definição de procedimentos para aplicação dos CPC 15 e CPC 36 em relação às demonstrações individuais.[103]

Especificamente em relação ao tratamento a ser conferido às operações que implicam "variações de porcentagem de participação em controladas", a ICPC 09 possui seção inteiramente dedicada ao assunto.[104]

---

100 Resolução n. CFC 1.055/2005, art. 6º.

101 CPC 26 (R1), item 19.

102 ICPC 09 (R2), itens IN1, IN2.

103 ICPC 09 (R2), item IN3.

104 ICPC 09 (R2), itens 64-70.

Sobre o tema, importa lembrar que, em relação às demonstrações financeiras consolidadas (CPC 36), não há que se falar na aplicação do PPA – e eventual apuração de ágio vinculado ao investimento – na aquisição de participação adicional pelo sócio controlador. Ou melhor, nos termos do CPC 36, eventual sobrepreço pago (ágio) é contabilizado diretamente em conta de patrimônio líquido, e não como um ativo.

Tudo isso porque, para as Ciências Contábeis, essa operação é entendida como uma transação de capital, que "[...] não afeta o potencial de benefícios econômicos futuros dos ativos líquidos [...]" pois, em primeiro lugar, a expectativa de geração desses benefícios já estava sob gestão da controladora. O "[...] entendimento, portanto, é que a controladora não está investindo em novos ativos, mas sim adquirindo o direito de ficar com uma porção maior dos resultados gerados por esses ativos, os quais já estão sob seu controle."[105]

Esse racional foi replicado pela ICPC 09 em relação à elaboração dos livros contábeis individuais do sócio controlador, que são aqueles declarados ao fisco e cujo resultado é referência para tributação da renda. Vejamos o que diz a ICPC:

> **Variações de porcentagem de participação em controladas**
>
> 64. Depois de adquirido o controle da entidade, ambas passam a fazer parte do mesmo grupo econômico e essa entidade econômica é obrigada, pelo Pronunciamento Técnico CPC 36 – Demonstrações Consolidadas, bem como pelas normas internacionais de contabilidade, a elaborar e apresentar demonstrações con-

105 GELBCKE, Rubens et al. *Manual de contabilidade societária*: aplicável a todas as sociedades: de acordo com as normas internacionais e do CPC. 3. ed. São Paulo: Atlas/FIPECAFI, 2018. p. 755.

solidadas como se fossem uma única entidade. Deve haver a devida evidenciação da parcela do patrimônio e do resultado pertencente aos que são sócios apenas nas controladas, mas não na controladora (chamados de sócios não controladores) [...]. A participação dos não controladores é parcela integrante do patrimônio líquido da entidade consolidada, logo, transacionar com os sócios não controladores é transacionar com sócios desse mesmo patrimônio líquido.

65. Como decorrência do item anterior, as negociações subsequentes em que a controladora adquire, dos sócios não controladores desse mesmo patrimônio, novos instrumentos patrimoniais (ações ou cotas, por exemplo) de uma controlada, passam a se caracterizar como sendo transações entre a entidade e seus sócios [...]. Ou seja, trata-se de operações que se assemelham àquela em que a entidade adquire ações ou cotas de seus próprios sócios.

66. Por isso o Pronunciamento Técnico CPC 36 requer, em seus itens 23 e 24, que as mudanças na participação relativa da controladora sobre uma controlada que não resultem na perda de controle devem ser contabilizadas como transações de capital (ou seja, transações com sócios, na qualidade de proprietários) nas demonstrações consolidadas. [...] Qualquer diferença entre o montante pelo qual a participação dos não controladores tiver sido ajustada e o valor justo da quantia recebida ou paga deve ser reconhecida diretamente no patrimônio líquido atribuível aos proprietários da controladora, e não como resultado.

67. Portanto, se a controladora adquirir mais ações ou outros instrumentos patrimoniais de entidade que já controla, deve considerar a diferença entre o valor de aquisição e o valor patrimonial contábil adquirido em contrapartida do seu patrimônio líquido (individual e consolidado), semelhantemente, por exemplo, à compra

> de ações próprias (em tesouraria). No caso de alienação, desde que não seja perdido o controle sobre a controlada, a diferença também deve ser alocada diretamente ao patrimônio líquido, e não ao resultado.[106]

A ICPC 09 prossegue explicando que o racional do CPC 36 está atrelado à ideia de "entidade econômica como um todo", e que essa premissa deve ser harmonizada entre os balanços consolidados e os individuais:

> 68. Nas demonstrações contábeis individuais da controladora, as transações de capital mencionadas no item 66 devem refletir a situação dessa controladora individual, mas sem perder de vista que ele (o disposto no item 66) está vinculado ao conceito de entidade econômica como um todo, e nesse conceito estão envolvidos os patrimônios da controladora e da controlada. [...] [107]

Conforme explica o Manual de Contabilidade Societária da FIPECAFI, [...] quando ocorrerem mudanças na participação relativa da controladora, sem implicar perda do controle, esta deve adotar procedimentos uniformes também em suas demonstrações individuais [...]". Isto significa "contabilizar diretamente em [...] patrimônio líquido, qualquer tipo de ágio adicional (ou 'deságio'), bem como qualquer ganho ou perda decorrente de concentração ou diluição de sua participação [...]."[108] Sergio Bento explica que "[...] especificamente para essa transação a racional

106 ICPC 09 (R2), p. 22-23.

107 ICPC 09 (R2), p. 23-24.

108 GELBCKE, Rubens et al. *Manual de contabilidade societária*: aplicável a todas as sociedades: de acordo com as normas internacionais e do CPC. 3. ed. São Paulo: Atlas/FIPECAFI, 2018. p. 755.

contábil do consolidado informa a preparação da demonstração individual normalmente [...]".[109]

Ainda, embora o ágio não vá constar em subconta do ativo, a ICPC recomenda que a sua contabilização no patrimônio líquido tenha como contrapartida rubrica denominada como "ágio em transações de capital". Isto é, apesar de ser registrado em conta de patrimônio líquido, a contabilidade não deixa de reconhecer que o sobrepreço pago possui efetiva natureza de ágio. Merece ser transcrito exemplo trazido pela ICPC 09 nesse sentido:

> 69. [...] Admita-se agora que a Cia. A adquira, dos sócios não controladores da Cia. B, mais 10% do capital dessa sua controlada Cia. B por $ 150. Supondo nenhuma mudança no balanço da Cia. B, 10% do patrimônio líquido da Cia. B a valores contábeis e a valores justos correspondem a $ 125, verificando-se o pagamento implícito do ágio de $ 25.
>
> [...]
>
> [...] os $ 125 relativos ao valor justo dos ativos líquidos adquiridos devem ficar, no balanço individual, registrados como acréscimo do investimento na controlada B (no consolidado ele obviamente será eliminado contra o patrimônio líquido da Cia. B) e os $ 25 ficarão como

---

109 São ainda relevantes os seguintes comentários do autor: "Normalmente os princípios de reconhecimento e mensuração são informados, transferidos da demonstração individual para a demonstração consolidada pela soma aritmética de valores. Nessa transação acontece exatamente o inverso, a demonstração consolidada dita o princípio para a demonstração individual. Assim, a demonstração individual também reconhecerá essa transação como se fosse uma transação de ações em tesouraria. Essa transação seria incompatível com o patrimônio individual, posto que o minoritário não compõe tal patrimônio líquido, mas para fins de equalização assim está posto [...]". BENTO, Sergio. Tratamento tributário do ágio. In: VIEIRA, Marcelo Lima; CARMIGNANI, Zabetta Macarini; BIZARRO, André Renato (Coord.). Lei 12.973/14: novo marco tributário: padrões internacionais de contabilidade. São Paulo: Quartier Latin, 2015. p. 123-156. p. 147.

redução do patrimônio líquido da controladora tanto na demonstração individual como na consolidada. Ficará então o balanço individual da Cia. A assim representado:

Balanço Individual 3 da Cia. A

Ativos diversos		$ 650	Capital	$ 1.500
Investimento na controlada B (**90%** das ações)(*)			Reservas	$ 800
Valor justo nos ativos líquidos	$ 1.125		Ações em tesouraria (**)	$ (200)
Goodwill	$ 300	$ 1.425	Ágio em transações de capital(***)	$ (25)
		$ 2.075		$ 2.075

[110]

Vale repetir que a contabilidade não nega que se trata de um ágio, porém a técnica contábil nesse caso apenas impõe que esse valor seja escriturado no patrimônio líquido, e não como um ativo.

Interessante apontar que, na aquisição de participação adicional pelo sócio controlador, o montante pago pelo investidor que supera o valor contábil do investimento tende a ser puro ágio por rentabilidade futura (*goodwill*). Não há, via de regra, mais ou menos valia de ativos e passivos a ser capturada, uma vez que essa transação não implica geração de valor justo adicional ao adquirente, uma vez que o comprador já possui o controle do investimento. Em outras palavras: os valores contábeis dos ativos e passivos da investida já estão próximos aos seus valores justos sob a perspectiva do controlador.

Logo, na aquisição de participação adicional pelo sócio controlador, o pagamento de eventual sobrepreço é, como regra, exclusivamente justificado pela intenção de se ter acesso à fatia dos lucros futuros que seria atribuída aos sócios não controladores, razão pela qual a própria ICPC 09, no exemplo acima reproduzido, qualifica esse preço adicional como "ágio em transações de capital", e não como "ágio / mais-valia".

110 ICPC 09 (R2), p. 25-26.

De fato, estamos diante de situação inteiramente nova. Antes da convergência da contabilidade brasileira aos padrões internacionais, tanto a Instrução CVM n. 1/1978 - primeira a disciplinar o tema "ágio" - como a Instrução CVM n. 247/1996 - principal norma societária a regular o desdobramento do custo de aquisição de investimentos avaliados pelo MEP -, não previam qualquer restrição para o registro de ágio ou deságio na compra de participação adicional pelo sócio controlador.

Essa é uma situação inaugurada pela ICPC 09, apoiando-se nas premissas do CPC 36 relativamente à elaboração de demonstrações financeiras consolidadas e que não encontra correspondência nas normas internacionais.[111] Equivale a uma adequação de pronunciamentos contábeis inspirados nos padrões IFRS à realidade nacional, notadamente em relação à elaboração de demonstrações financeiras individuais.

Assim, para fins contábeis, não haveria que se falar na aplicação do CPC 15 relativamente à aquisição de participação adicional pelo sócio controlador. Como consequência, eventual sobrepreço pago nessa operação não implicará reconhecimento de ágio na perspectiva do balanço individual do sócio controlador, sendo esse valor contabilizado diretamente em conta do patrimônio líquido.

No tempo em que o RTT vigeu essa diferença entre a norma contábil e a tributária era inócua para fins fiscais. Porém, com a revogação desse regime de transição pela Lei n. 12.973/2014, tem-se hoje aparente incompatibilidade entre a norma contábil e a fiscal.

---

111 Conforme observa-se na coluna "Correlação", "IASB", linha da "CPC 09". CONSELHO FEDERAL DE CONTABILIDADE. *Normas completas*. Brasília, DF, 2018.

1.5 Lei n. 12.973/2014: Disciplina dos novos padrões contábeis pela legislação tributária

A recepção dos padrões IFRS pela contabilidade nacional modificou sensivelmente a forma como o resultado contábil das empresas era apurado. Isso motivou a instituição do RTT pela Lei n. 11.941/2009 (artigo 15 e seguintes), que estabeleceu um regime de neutralidade fiscal em relação às alterações introduzidas pela Lei n. 11.638/2007 e pela própria Lei n. 11.941/2009.

Na prática, o RTT introduziu uma contabilidade paralela, baseada nos critérios vigentes antes da convergência com os padrões internacionais. Os contribuintes passaram então a ter de elaborar e conviver com duas contabilidades, uma societária e outra fiscal.

Tratava-se de uma situação pouco desejável. Conforme os anos passavam, o RTT vinha provocando "[...] inúmeros questionamentos, gerando insegurança jurídica e complexidade na administração dos tributos [...]"[112], tendo em vista que os tributos passaram a ser apurados com base em legislação já revogada.

A necessidade de revogação do RTT e disciplina fiscal dos novos padrões contábeis motivou a edição da Medida Provisória n. 627/2013, posteriormente convertida na Lei n. 12.973/2014. É possível comparar a publicação dessa lei ao papel exercido em 1977 pelo Decreto-lei n. 1.598, que cuidou de acomodar à legislação do Imposto sobre a Renda às então inovações da recém-publicada Lei das S.A.

Como era de se esperar, a Lei n. 12.973/2014 abordou largamente a forma como o custo de aquisição de investimentos ava-

---

112 BRASIL. Ministério da Fazenda. *Exposição de Motivos n. 00187, de 7 de novembro de 2013*. Brasília, DF, 2013a. Não paginado.

liados pelo MEP devem ser desdobrados, buscando acomodar o Decreto-lei n. 1.598/1977 à metodologia contábil trazida pelo CPC 15, em uma evidente tentativa de aproximação dos universos contábil e fiscal.

O artigo 2º da Lei n. 12.973/2014 alterou profundamente o artigo 20 do Decreto-lei. Dos diversos dispositivos que compõe o artigo 20, apenas o inciso I manteve a sua forma original. A atual redação desse dispositivo prescreve que o custo de aquisição dos investimentos avaliados pelo MEP deve ser desdobrados segundo a seguinte sistemática:

i) assim como originalmente previsto pelo Decreto-lei, primeiro deve ser registrado em subconta o valor contábil do investimento à época da aquisição, sendo determinado pela aplicação do percentual da participação adquirida sobre o patrimônio líquido contábil da investida;

ii) em seguida, é escriturada a eventual mais ou menos-valia paga, correspondente à diferença entre o valor justo dos ativos líquidos da investida, na proporção da porcentagem da participação adquirida. Essa avaliação a valor justo deverá ser baseada em laudo elaborado por perito independente a ser protocolado na Receita Federal ou cujo sumário deverá ser registrado em Cartório de Registro de Títulos e Documentos, até o último dia útil do 13º mês subsequente ao da aquisição da participação; e

iii) a eventual diferença entre o preço pago e o valor justo dos ativos líquidos da investida (ii) será registrada em subconta distinta como ágio por rentabilidade futura (*goodwill*) - caso o preço seja superior ao valor contábil - ou como ganho por compra vantajosa - caso o preço seja inferior.

Consideremos hipoteticamente que a entidade A adquiriu por R$ 200 milhões 50% do capital da empresa B. Na data da compra, a empresa B apresentava patrimônio líquido de R$ 50 milhões, sendo a avaliação do valor justo dos seus ativos líquidos equivalente a R$ 70 milhões. Pela redação conferida pela Lei n. 12.973/2014 ao artigo 20 do Decreto-lei n. 1.598/1977, o custo de aquisição dessa participação deveria ser desdobrado por A entre (i) um investimento de R$ 25 milhões, (ii) mais-valia de ativos líquidos de R$ 10 milhões, e (iii) um ágio de R$ 165 milhões.

Desdobramento custo de aquisição: Decreto-lei n. 1.598/1977 (redação atual)

Premissas		**R$ milhões**
(a)	Valor pago por A na aquisição de B	200,00
(b)	Empresa B: Patrimônio Líquido Contábil	50,00
(c)	Empresa B: Valor justo ativos líquidos	70,00
(d)	Participação adquirida	50%
Empresa A (adquirente) - Desdobramento do custo		
(e) = (d x b)	Investimento em B (50%)	25,00
(f) = (d x c) - (e)	Mais-valia ativos líquidos de B	10,00
(a - e - f)	Ágio investimento em B	165,00

Nota-se que o ágio hoje, assim como previsto pelo CPC 15, não precisa estar atrelado a um fundamento econômico específico (*e.g.* expectativa de rentabilidade, fundo de comércio, intangíveis, etc.). Hoje ágio é sinônimo de *goodwill* (expectativa por rentabilidade futura).

Aliás, a rigor, pela norma tributária atual sequer é exigida a elaboração de laudo para suportar o valor alocado como ágio[113]. A exigência para levantamento de laudo passou a ser restrita à avaliação a valor justo dos ativos líquidos da investida.

A Lei n. 12.973/2014 atualizou também os demais artigos do Decreto-lei que disciplinam a tributação do ágio e da mais ou menos-valia. A atual redação do artigo 25 manteve o racional de que eventuais reduções nos valores alocados como mais-valia ou ágio são neutras para fins fiscais. Isto é, eventual despesa de amortização de uma mais-valia, por exemplo, não é dedutível, bem assim a receita pela amortização de uma menos-valia não é tributável.

O artigo 33 também deu continuidade à regra geral para a dedutibilidade desses valores. Isto é, o ágio e a mais-valia líquida de ativos continuam a ser incorporados ao próprio valor contábil do investimento para fins de apuração do ganho ou perda de capital decorrentes da alienação ou liquidação da participação avaliada pelo MEP. Como regra geral, tais valores só influenciarão a apuração do lucro real no momento da realização do investimento.

A Lei n. 12.973/2014 também instituiu novo regime especial para dedução / tributação do ágio e da mais ou menos-valia nos eventos especiais de incorporação, fusão e cisão, agora adaptados à atual metodologia constante no Decreto-lei n. 1.598/1977 ("PPA fiscal").

Os artigos 22 e 23 da Lei estabeleceram que, a pessoa jurídica que absorver patrimônio de outra, em virtude de incorporação, fusão ou cisão, na qual detenha participação societária adquirida com ágio por rentabilidade futura ou ganho por compra vantajo-

113 Para fins contábeis, caso não exista justificativa econômica para o *goodwill*, esse sobrepreço deve ser reconhecido pelo adquirente como uma perda, e não como um elemento do ativo associado ao investimento adquirido.

sa poderá amortizar o ágio / tributar o ganho à razão de um sessenta avos, para cada mês do período de apuração. Já de acordo com os artigos 20 e 21, a mais ou menos valia de ativos passa a integrar o próprio custo do respectivo bem ou direito que lhe deu causa, para efeito de determinação do ganho ou perda de capital e do cômputo da depreciação, amortização ou exaustão.

Em suma, é notável a semelhança da equação empreendida pelo artigo 20 do Decreto-lei após as alterações promovidas pela Lei n. 12.973/2014 e o "método de aquisição" previsto pelo CPC 15, com a avaliação do acervo da investida a valor justo, reconhecimento de mais ou menos valia de ativos líquidos e estipulação de um papel residual ao *goodwill*, cujo valor corresponde à "sobra" do preço pago que não foi alocada como valor contábil do investimento ou mais-valia.

O artigo 20 do Decreto-lei criou espécie de PPA fiscal, muito semelhante aquele previsto pela norma internacional - IFRS 3 - importado pela contabilidade brasileira pelo CPC 15, mas que ainda guarda diferenças em relação à norma contábil. Uma delas refere-se ao ágio pago pelo sócio controlador.

Não há qualquer restrição na norma fiscal em relação ao registro e amortização desse ágio. Ocorre que, conforme estudado, nos termos da ICPC 09 não haverá ágio a ser contabilizado pelo sócio controlador em conta de ativo. Nesse caso, a contradição existente entre o regramento contábil e a legislação tributária é clara. Necessário, portanto, estudar a possibilidade de aplicação da regra tributária concomitante à norma contábil.

Capítulo 2 - Aparente Incompatibilidade entre as Normas Contábil e Fiscal

2.1 Estudo de Caso

Em virtude da complexidade dos temas até aqui tratados, optou-se por primeiro ilustrar a questão a partir de um exemplo hipotético, antes de seguirmos para a proposição de mecanismos com vistas à mitigação da aparente incompatibilidade existente entre a legislação tributária e a norma contábil.

Considere-se que no dia 30 de novembro de 2018 a empresa A firmou com a entidade C contrato de compra da participação mantida por C na empresa B, equivalente a 10% do seu capital, cujo valor contábil total do patrimônio líquido à época da compra era de R$ 50 milhões. Pela aquisição, a adquirente comprometeu-se a pagar R$ 100 milhões à alienante.

Ao tempo da compra, as demais ações da empresa B já eram detidas pela entidade A, que figurava como a sua controladora. Por essa razão, para fins contábeis, a operação foi qualificada como uma "transação de capital", nos termos dos itens 66 e 67, da ICPC 09.

Desse modo, a diferença positiva entre o preço pago (R$ 100 milhões) e o valor contábil da participação adquirida (R$ 5 milhões) foi escriturada pela adquirente diretamente em conta do patrimônio líquido, em conta de "ágio em transação de capital", não tendo sido, portanto, alocada como ágio no grupo de ativos, conforme demonstrativo da operação abaixo:

Desdobramento do custo de aquisição: ICPC 09

Premissas		**R$ milhões**
(a)	Valor pago por A na aquisição de B	100,00
(b)	Empresa B: Patrimônio Líquido Contábil	50,00
(c)	Participação adquirida	10%
Empresa A (adquirente) - Desdobramento do custo		
(d) = (c x b)	Valor contábil do investimento adquirido em B (10%)	5,00
(a - d)	Valor alocado ao patrimônio líquido como "ágio em transação de capital"	95,00

Ocorre que, essa mesma situação é regulada pelo Decreto-lei n. 1.598/1977, que prescreve o dever de desdobramento do custo de aquisição conforme disciplina do seu artigo 20, com a alocação do preço pago em subcontas do ativo, inclusive com a possibilidade de apuração de ágio:

> Art. 20. O contribuinte que avaliar investimento pelo valor de patrimônio líquido deverá, por ocasião da aquisição da participação, desdobrar o custo de aquisição em:
>
> I - valor de patrimônio líquido na época da aquisição, determinado de acordo com o disposto no artigo 21;
>
> II - mais ou menos-valia, que corresponde à diferença entre o valor justo dos ativos líquidos da investida, na proporção da porcentagem da participação adquirida, e o valor de que trata o inciso I do **caput**; e
>
> III - ágio por rentabilidade futura (**goodwill**), que corresponde à diferença entre o custo de aquisição do investimento e o somatório dos valores de que tratam os incisos I e II do **caput**.

> § 1º Os valores de que tratam os incisos I a III do **caput** serão registrados em subcontas distintas.

A aquisição de participação pelo sócio controlador é situação comumente verificada no mercado, e o exemplo acima ilustra como um mesmo fato – compra de participação pelo controlador – é disciplinado e interpretado de maneira diversa pela norma contábil e pela legislação tributária.

Passadas décadas em que o ágio sempre foi escriturado em subconta do grupo de ativos, o tratamento conferido pelas atuais normas contábeis representa uma abrupta ruptura com a legislação tributária, notadamente em relação ao Decreto-lei n. 1.598/1977. No caso em tela estamos diante de ágio que não existirá como um ativo contábil.

Necessário, portanto, o estudo das seguintes questões:

i) É possível, na situação em exame, compatibilizar a aplicação concomitante das normas fiscal e contábil?

ii) O pagamento de ágio pelo sócio controlador pode ser qualificado como espécie de ativo gerado dentro do mesmo grupo econômico – "ágio interno" – e, portanto, indedutível para fins fiscais, conforme vedação contida no artigo 25, da Lei n. 12.973/2014?

iii) E, por fim, sendo eventualmente possível o registro e amortização desse custo para fins fiscais, quais seriam os mecanismos para o seu registro e controle?

2.2 Natureza jurídica das normas expedidas pelo Comitê de Pronunciamentos Contábeis

De início, é relevante apurar se a contradição existente entre as normas contábil e fiscal em estudo representa verdadeiro conflito de normas ou se trata apenas de uma falsa antinomia. Para tanto, necessário verificar qual a natureza jurídica dos documentos expedidos pelo Comitê de Pronunciamentos Contábeis e a existência de subordinação hierárquica entre a ICPC 09 e o Decreto-lei n. 1.598/1977.

O conteúdo das normas contábeis até aqui estudadas - CPC 15, CPC 36 e, especialmente, a ICPC 09 – não se encontra expresso em lei. Não há legislação societária dispondo sobre o "método de aquisição" disciplinado pelo CPC 15; não há norma legal que trate sobre a técnica de consolidação de balanços no nível de detalhe abordado pelo CPC 36; e não existe lei que discipline a contabilização do ágio pago pelo investidor controlador, na hipótese de aquisição de participação societária adicional em entidade já controlada.

Se, de maneira geral, o teor desses normativos não está expresso em lei, da onde vem a força jurídica das normas contábeis? Aqui, merece ser feita uma breve digressão sobre o processo de convergência da contabilidade brasileira aos padrões internacionais - IFRS.

Conforme exposto, as bases para a elaboração das demonstrações financeiras, escrituração do balanço patrimonial, definição das contas de ativos e passivos, mensuração de elementos patrimoniais, e definições sobre o patrimônio líquido e resultado estão estampadas na Lei das S.A.

Passados cerca de trinta anos após a sua publicação, a Lei das S.A. foi submetida a uma ampla atualização, patrocinada pela Lei n. 11.638/2007, que incorporou ao direito brasileiro os padrões internacionais de contabilidade. Porém, conforme bem anotado por Sergio André Rocha e Paulo Cezar Aragão, a "adoção dos padrões internacionais, com o dinamismo que lhe é inerente, dificilmente lograria ser implementada tendo como premissa a utilização exclusiva da via legislativa [...]"[114].

---

114 ARAGÃO, Paulo Cezar; ROCHA, Sergio André. Alteração dos padrões contábeis brasileiros: a neutralidade fiscal transitória, "deslegalização" da contabilidade e

Assim, a Lei n. 11.638/2007, ao adicionar o artigo 10-A à Lei n. 6.385/1976, permitiu que a CVM, o Banco Central do Brasil e demais órgãos e agências reguladoras pudessem "[...] celebrar convênio com entidade que tenha por objeto o estudo e a divulgação de princípios, normas e padrões de contabilidade e de auditoria [...]".

Conforme estudado, o parágrafo único do artigo 10-A definiu a referida "entidade" como sendo um organismo majoritariamente composto por contadores, dela fazendo parte, paritariamente, representantes de entidades representativas de sociedades submetidas ao regime de elaboração de demonstrações financeiras, de sociedades que auditam e analisam as demonstrações financeiras, do órgão federal de fiscalização do exercício da profissão contábil e de universidade ou instituto de pesquisa com reconhecida atuação na área contábil e de mercado de capitais.

A Lei estava fazendo referência ao Comitê de Pronunciamentos Contábeis. Constituído em 2005 pela Resolução CFC n. 1.055 (art. 2º), o Comitê foi idealizado a partir da união de esforços e comunhão de objetivos de entidades como a Associação Brasileira das Companhias Abertas, Associação dos Analistas e Profissionais de Investimento do Mercado de Capitais, Bolsa de Valores, Mercadorias e Futuros, CFC, Instituto dos Auditores Independentes do Brasil, e Fundação Instituto de Pesquisas Contábeis, Atuarias e Financeiras.

O Comitê de Pronunciamentos Contábeis tem como objetivo "[...] o estudo, o preparo e a emissão de Pronunciamentos Técnicos sobre procedimentos de Contabilidade [...] visando à centralização e uniformização do seu processo de produção, le-

---

o princípio da legalidade tributária. In: ROCHA, Sergio André (Coord.). *Direito tributário, societário e a reforma da Lei das S/A*: alterações das Leis nº 11.638/07 e nº 11.941/09. São Paulo: Quartier Latin, 2010. v. 2. p. 495-512. p. 496 e 506.

vando [...] em conta a convergência da Contabilidade Brasileira aos padrões internacionais.[115] Desde a sua criação, o que temos assistido na prática foi "[...] a reforma da contabilidade brasileira [...] por intermédio dos pronunciamentos do CPC."[116]

Porém, um CPC, OCPC ou ICPC, sozinho, não possui valor jurídico. Os CPCs e demais documentos emitidos pelo Comitê só passam a ter força normativa no momento em que, conforme prescrito pelo artigo 10-A, da Lei. n. 6.385/1976, a "[...] Comissão de Valores Mobiliários, o Banco Central do Brasil e demais órgãos e agências reguladoras [...]" celebre convênio adotando "[...] no todo ou em parte, os pronunciamentos e demais orientações técnicas emitidas [...]".

Os professores Roberto Quiroga Mosquera e Alexsandro Broedel Lopes bem sintetizam o protagonismo do artigo 10-A da Lei n. 6.385/1976 e o processo de normatização dos CPCs mediante a celebração de convênios pelos órgãos e agências reguladoras:

> [...] o referido dispositivo legal abre espaço para que, não só a CVM, como outros órgãos reguladores realizem convênio com entidade com finalidade de estudo e pesquisa da contabilidade com vista a adotar, no todo ou em parte, seus dispositivos. Vale ressaltar, os referidos órgãos reguladores devem, de acordo com seus procedimentos, adotar formalmente, as normas expedidas pelo supracitado órgão.
>
> No que tange ao CPC e à CVM, esse é exatamente o processo que vem sendo realizado. Os pronunciamentos do

---

115 Resolução CFC n. 1.055/2005, art. 3º.

116 ARAGÃO, Paulo Cezar; ROCHA, Sergio André. Alteração dos padrões contábeis brasileiros: a neutralidade fiscal transitória, "deslegalização" da contabilidade e o princípio da legalidade tributária. In: ROCHA, Sergio André (Coord.). *Direito tributário, societário e a reforma da Lei das S/A*: alterações das Leis nº 11.638/07 e nº 11.941/09. São Paulo: Quartier Latin, 2010. v. 2. p. 495-512. p. 510-511.

> CPC são adotados pela CVM por intermédio de Deliberações que os aprovam e os tornam obrigatórios. O mecanismo de adoção e aprovação pelo Conselho Federal de Contabilidade (CFC) é, ressalvada as características operacionais de cada órgão, exatamente o mesmo.
>
> Assim, podemos entender que as normas do CPC são obrigatórias para as companhias abertas brasileiras dentro do seu processo de informação contábil. Ou seja, os pronunciamentos técnicos do CPC estão revestidos de toda a força e validade sendo aplicáveis, dentro do estabelecido, de forma irretratável, no ordenamento contábil brasileiro.[117]

Cada um desses órgãos e agências devem celebrar convênio específico com o Comitê de Pronunciamentos Contábeis. Como exemplo, a Lei das S.A. (art. 177, §§ 3º e 5º) determina que as demonstrações financeiras das companhias abertas devem observar as normas expedidas pela CVM, prevendo ainda que essas normas devem ser elaboradas em consonância com os padrões internacionais de contabilidade.

Os CPCs têm sido, no todo ou em parte, aprovados não só pela CVM, mas também pelo Banco Central/Conselho Monetário Nacional, pela Superintendência de Seguros Privados, pela Agência Nacional de Energia Elétrica, pela Agência Nacional de Saúde Suplementar, pela Agência Nacional de Transportes Terrestres, e, principalmente, pelo CFC.

Portanto, o valor jurídico dos documentos emitidos pelo Comitê não reside no documento em si, mas no ato de aprovação

---

117 LOPES, Alexsandro Broedel; MOSQUERA, Roberto Quiroga. O direito contábil: fundamentos conceituais, aspectos da experiência brasileira e implicações. In: MOSQUERA, Roberto Quiroga; LOPES, Alexsandro Broedel (Coord.). *Controvérsias jurídico-contábeis (aproximações e distanciamentos)*. São Paulo: Dialética, 2010. p. 56-81. p. 66 e 67.

desse documento por um determinado órgão ou agência, no exercício de competência normativa delegada por lei.

Neste campo, é preciso apurar, então, qual a natureza desse ato. Para este fim, optamos por tomar como referência os atos expedidos pelo CFC, devido ao amplo alcance das suas normas. Vale dizer que, uma vez aprovados pelo CFC, "a padronização contábil não alcançará apenas as Sociedades Anônimas [...], na medida em que se tornam as normas brasileiras de contabilidade, passam a ser os padrões contábeis geralmente aceitos, alcançando todos os tipos de sociedades."[118]

Nos termos do artigo 6º, alínea "f", do Decreto-lei n. 9.295/1946, cabe ao CFC a competência para "[...] regular acerca dos princípios contábeis, do Exame de Suficiência, do cadastro de qualificação técnica e dos programas de educação continuada; e editar Normas Brasileiras de Contabilidade de natureza técnica e profissional." Essa é a norma que delega competência normativa ao CFC para dispor sobre normas contábeis. Mas qual a natureza das normas expedidas pelo CFC que aprovam os CPCs, OCPCs e ICPCs?

O CFC, na qualidade de conselho profissional, é espécie de autarquia (assim como a CVM também é, por exemplo). Mais especificamente, o CFC é uma autarquia corporativa[119] especial,

118 ARAGÃO, Paulo Cezar; ROCHA, Sergio André. Alteração dos padrões contábeis brasileiros: a neutralidade fiscal transitória, "deslegalização" da contabilidade e o princípio da legalidade tributária. In: ROCHA, Sergio André (Coord.). *Direito tributário, societário e a reforma da Lei das S/A*: alterações das Leis nº 11.638/07 e nº 11.941/09. São Paulo: Quartier Latin, 2010. v. 2. p. 495-512. p. 510 e 511.

119 "Na doutrina são denominadas *autarquias para-administrativas, corporações autárquicas, corporações profissionais, instituições corporativas, autarquias corporativas*. A jurisprudência pátria lhes reconhece natureza autárquica, mesmo que as leis instituidoras omitam essa condição." MEDAUAR, Odete. *Direito administrativo moderno*. 21. ed. rev. atual. e ampl. Belo Horizonte: Fórum, 2018. p. 87.

dotada de personalidade jurídica de direito público (art. 2º, do Decreto-lei n. 6.016, de 22 de novembro de 1943).[120]

Embora as ordens e conselhos profissionais sejam qualificados como autarquias, parte da doutrina entende que essas entidades não integrariam a administração pública indireta.[121] Nesse sentido, o artigo 58, da Lei n. 9.649/1998 tentou atribuir aos conselhos profissionais o caráter de entidades privadas delegatárias de poder público. A constitucionalidade desse dispositivo foi levada ao Supremo Tribunal Federal, que apreciou a questão no julgamento da Ação Direta de Inconstitucionalidade n. 1.717-6/DF.

O caso, de relatoria do ministro Sydney Sanches, foi decidido em favor da inconstitucionalidade do dispositivo, tendo o Supremo concluído ser indelegável à uma entidade privada atividades típicas do Estado, que abrange poderes de polícia, de tributar e de punir, inerentes aos conselhos profissionais. Confira-se a ementa do Acórdão:

> 1. Estando prejudicada a Ação, quanto ao § 3º do art. 58 da Lei nº 9.649, de 27.05.1998, como já decidiu o Plenário, quando apreciou o pedido de medida cautelar, a Ação Direta é julgada procedente, quanto ao mais, declarando-se a inconstitucionalidade do "caput" e dos § 1º, 2º, 4º, 5º, 6º, 7º e 8º do mesmo art. 58.
>
> 2. Isso porque a interpretação conjugada dos artigos 5°, XIII, 22, XVI, 21, XXIV, 70, parágrafo único, 149 e 175 da Constituição Federal, leva à conclusão, no sentido da indelegabilidade, a uma entidade privada, de atividade típica de Estado, que abrange até poder de polícia, de

120 MEDAUAR, Odete. *Direito administrativo moderno*. 21. ed. rev. atual. e ampl. Belo Horizonte: Fórum, 2018. p. 64.

121 MEDAUAR, Odete. *Direito administrativo moderno*. 21. ed. rev. atual. e ampl. Belo Horizonte: Fórum, 2018. p. 88.

> tributar e de punir, no que concerne ao exercício de atividades profissionais regulamentadas, como ocorre com os dispositivos impugnados.
>
> 3. Decisão unânime.

Fato é que, as "[...] leis que regulamentam profissões e criam ordens ou conselhos transferem-lhes competência para exercer a fiscalização do respectivo exercício profissional e o poder disciplinar. A chamada polícia das profissões [...] é, assim, delegada às ordens profissionais."[122] Esse conceito foi reforçado pelo Supremo Tribunal Federal, ao confirmar a personalidade jurídica de direito público dos conselhos profissionais.

Sendo o CFC uma autarquia especial dotada de personalidade jurídica de direito público, os seus atos normativos possuem natureza jurídica de ato administrativo[123], que gozam de legítima atribuição regulamentar com lastro em competência delegada por lei. Assim, como exemplo, a eficácia normativa do CPC 15 e da ICPC 09 decorreu da sua aprovação e internalização pela NBC TG 15, e pela ITG 09, ambas expedidas pelo CFC. Isto é, tais normas, publicadas pelo CFC, são atos administrativos que conferem status jurídico ao CPC 15 e à ICPC 09. Porém, seria esse status superior à disciplina prevista pelo Decreto-lei n. 1.598/1977?

2.3 Hierarquia do Decreto-Lei n. 1.598/1977

Qual norma deve prevalecer? A ICPC 09 dotada de força jurídica por competência delegada por lei, ou o artigo 20, do

---

122 MEDAUAR, Odete. *Direito administrativo moderno*. 21. ed. rev. atual. e ampl. Belo Horizonte: Fórum, 2018. p. 87.

123 MEDAUAR, Odete. *Direito administrativo moderno*. 21. ed. rev. atual. e ampl. Belo Horizonte: Fórum, 2018. p. 59.

Decreto-lei n. 1.598/1977? A contradição entre essas normas representa real antinomia?

Na definição de Norberto Bobbio, uma antinomia jurídica corresponde à "[...] situação que se verifica entre duas normas incompatíveis, pertencentes ao mesmo ordenamento e tendo o mesmo âmbito de validade [...]".[124] No campo das antinomias, a incompatibilidade entre normas merece uma resposta jurídica, indicando qual regra deve ser seguida.

Ao comentar sobre as possíveis divergências entre os universos contábil e fiscal sobre o tema "ágio", Luis Eduardo Schoueri reitera essa ideia, ao comentar que "[...] afastar um dispositivo legal é tarefa que requer fundamentação jurídica [...]".[125]

Importa adiantar que o presente caso ilustra uma falsa antinomia. Não há conflito de normas na medida em que a ICPC 09 jamais poderia ser, para fins fiscais, aplicada em detrimento do Decreto-lei n. 1.598/1977, por equivaler a ato infralegal e, portanto, hierarquicamente inferior à legislação tributária. O que existe, na verdade, é uma aparente incompatibilidade entre os sistemas contábil e fiscal, o que se buscará compatibilizar adiante.

Para que não restem dúvidas acerca da prevalência da norma tributária na situação em tela, oportuno recorrer aos critérios tradicionalmente à disposição para a solução de antinomias: i) critério cronológico; ii) critério hierárquico; e iii) critério da especialidade.[126]

---

124 BOBBIO, Norberto. *Teoria do ordenamento jurídico.* Tradução Tércio Sampaio Ferraz Júnior. 6. ed. Brasília: Ed. UnB, 1995. p. 88.

125 SCHOUERI, Luís Eduardo. *Ágio em reorganizações societárias*: aspectos tributários. São Paulo: Dialética, 2012. p. 18-19.

126 BOBBIO, Norberto. *Teoria do ordenamento jurídico.* Tradução Tércio Sampaio Ferraz Júnior. 6. ed. Brasília: Ed. UnB, 1995.

Tendo apenas o critério cronológico em perspectiva, a norma contábil, de modo geral, tende a ser mais atual do que a tributária. A atividade de emissão e revisão de CPCs, ICPCs e OCPCs pelo Comitê de Pronunciamentos Contábeis, bem como a aprovação desses documentos por atos administrativos expedidos pelas entidades conveniadas (*e.g.* CFC, CVM), não ocorrem mediante atividade legislativa. A edição de normas contábeis é um processo relativamente célere, quando comparado ao trâmite de edição e atualização da legislação tributária.

A ICPC 09, por exemplo, já está em sua segunda versão revisada, cuja aprovação ocorreu em setembro de 2014, sendo posterior à Lei n. 12.973/2014, publicada em maio.

No entanto, o fator que coloca a ICPC 09 cronologicamente à frente da Lei n. 12.973/2014 é o mesmo que a coloca hierarquicamente em grau inferior à lei, qual seja: os documentos emitidos pelo Comitê não decorrem de atividade legislativa. Os CPCs, ICPCs e OCPCs são, por definição, atos administrativos normativos infralegais.

Conforme estudado, a Lei n. 11.638/2007, ao adicionar o artigo 10-A à Lei n. 6.385/1976, permitiu que o CFC, CVM, o Banco Central do Brasil e demais órgãos e agências reguladoras pudessem celebrar convênio com entidade (Comitê de Pronunciamentos Contábeis) que tenha por objeto o estudo e a divulgação de princípios, normas e padrões de contabilidade e de auditoria.

Cabe recordar, também, que a legislação delega a esses órgãos e agências a responsabilidade de dispor sobre critérios contábeis. O CFC, por exemplo, possui competência delegada pelo artigo 6º, alínea "f", do Decreto-lei n. 9.295/1946, para "[...] regular acerca dos princípios contábeis, do Exame de Suficiência, do cadastro de qualificação técnica e dos programas de educação continuada; e editar Normas Brasileiras de Contabilidade de natureza técnica e profissional."

Logo, a ITG 09 emitida pelo CFC aprovando os termos da ICPC 09, embora vincule a escrituração comercial das empresas, é, para fins fiscais, hierarquicamente inferior à Lei n. 12.973/2014 e ao Decreto-lei n. 1.598/1977.

Novamente recorrendo à clássica doutrina de Norberto Bobbio, "[...] o critério hierárquico prevalece sobre o cronológico [...]".[127] Um documento emitido pelo Comitê de Pronunciamentos Contábeis e aprovado por uma autarquia como o CFC não pode prevalecer sobre lei ordinária, ainda que a norma contábil seja posterior, assim como uma lei ordinária não prevalece em relação à Constituição Federal, mesmo que tenha sido publicada após 1988.

São precisas as palavras de Paulo de Barros de Carvalho a esse respeito:

> [...] no caso dos registros contábeis, essa linguagem se interpõe acima da linguagem social e abaixo da camada linguística do direito posto. É um estrato a mais, que o cientista do direito não pode esquecer, tratando, como se trata, de discurso voltado para uma finalidade precípua, qual seja, a de estabelecer o procedimento técnico indispensável ao estabelecimento intersubjetivo dos fatos relevantes para o convívio socioeconômico.[128]

Diferente seria se o artigo 20, do Decreto-lei n. 1.598/1977, após as alterações promovidas pela Lei n. 12.973/2014, fizesse remissão à legislação comercial ou aos atos infralegais que convalidam os documentos emitidos pelo Comitê de Pronunciamentos Contábeis. Segundo destacado por Ricardo Mariz de Oliveira, a

---

127 BOBBIO, Norberto. *Teoria do ordenamento jurídico*. Tradução Tércio Sampaio Ferraz Júnior. 6. ed. Brasília: Ed. UnB, 1995. p. 107.

128 CARVALHO, Paulo de Barros. *Direito tributário*: linguagem e método. 2. ed. São Paulo: Noeses, 2008. p. 591.

"[...] remissão ocorre quando uma norma se refira a um conceito preestabelecido, sem defini-lo, ou apenas aluda a uma outra norma já existente no ordenamento [...]".[129] Não há nada no artigo 20 do Decreto-lei que faça referência ao conceito de ágio estabelecido pelos atos infralegais do Comitê.

Na verdade, a única remissão feita por esse dispositivo à legislação societária refere-se ao conceito do MEP. O *caput* do artigo 20 restringe a sua aplicação ao investimento avaliado pelo valor de patrimônio líquido (MEP), e, na sequência, o artigo 21 prescreve que "[...] o contribuinte deverá avaliar o investimento pelo valor de patrimônio líquido [...] de acordo com o disposto no art. 248 da Lei nº 6.404, de 15 de dezembro de 1976 [...]". Isto é, quando quis tomar emprestado conceito societário, o Decreto-lei o fez expressamente, valendo-se da definição trazida pela Lei das S.A. relativo ao MEP.

Aliás, como regra, a remissão deve ser sempre expressa. A Lei Complementar n. 95/1998 (artigo 11), ao dispor sobre a redação das leis, estabelece que as disposições normativas devem ser redigidas com clareza, precisão e ordem lógica, indicando expressamente o dispositivo objeto de remissão. Nesse mesmo sentido, o artigo 8º, do Decreto n. 9.191/2017, reforça que "[...] matérias idênticas não serão disciplinadas por mais de um ato normativo da mesma espécie, exceto quando um se destinar, por remissão expressa, a complementar o outro, considerado básico." Não há no Decreto-lei n. 1.598/1977 remissão expressa a qualquer normativo contábil relativamente à apuração de ágio.

Nos tempos do RTT, Roberto Quiroga Mosquera e Alexsandro Broedel Lopes fizeram alerta que se mantêm atual, no

129 OLIVEIRA, Ricardo Mariz de. Os vários caminhos da Lei nº 12.973: cuidados na sua interpretação. In: ROCHA, Sergio André (Coord.). *Direito tributário, societário e a reforma da Lei das S/A*: desafios da neutralidade e a Lei nº 12.973/2014. São Paulo: Quartier Latin, 2015. v. 4. p. 472-499. p. 475.

sentido de que a neutralidade do regime de transição não significava "[...] que a legislação tributária e as autoridades fiscais não podem se valer de conceitos trazidos pela contabilidade internacional. Isso, no entanto, deve ser feito de forma explícita pelos meios legais competentes respeitando o princípio da legalidade e da tipicidade."[130]

De fato, em que pese toda a digressão feita em relação à aplicação do critério da hierarquia e ausência de remissão à lei societária, esse exercício tem como pano de fundo a noção de que, em matéria tributária, impera o princípio da legalidade.

A Constituição Federal de 1988 reserva exclusivamente à lei a competência para exigir ou aumentar tributo (artigo 150, I). Esse mandamento é ainda largamente repetido pelo Código Tributário Nacional (Lei n. 5.172/1966, artigo 97). Assim, em última análise, é defeso a uma autarquia, como o CFC, editar ato normativo que modifique as bases de cálculo do IRPJ e da CSLL.[131]

Não significa, porém, que a norma contábil não possa influenciar a apuração desses tributos. Isso é até esperado. A intercessão existente entre contabilidade e tributação é clara, a começar pelo Decreto-lei n. 1.598/1977, que logo em seus primeiros artigos fixa que o lucro real terá como referência o "lucro líquido do exercício", definindo que esse lucro deve ser "[...] determinado com observância dos preceitos da lei comercial [...]" (art. 6º, *caput*, §

130 LOPES, Alexsandro Broedel; MOSQUERA, Roberto Quiroga. O direito contábil: fundamentos conceituais, aspectos da experiência brasileira e implicações. In: MOSQUERA, Roberto Quiroga; LOPES, Alexsandro Broedel (Coord.). *Controvérsias jurídico-contábeis (aproximações e distanciamentos)*. São Paulo: Dialética, 2010. p. 56-81. p. 80.

131 BIANCO, João Francisco. Aparência econômica e natureza jurídica. In: MOSQUERA, Roberto Quiroga; LOPES, Alexsandro Broedel (Coord.). *Controvérsias jurídico-contábeis (aproximações e distanciamentos)*. São Paulo: Dialética, 2010. p. 174-184. p. 184.

1º). A contabilidade apenas não irá influenciar a tributação se a legislação tributária assim prescrever, ou se a norma fiscal dedicar disciplina própria ao tema.[132]

No caso em tela a legislação tributária dedicou, por meio do Decreto-lei n. 1.598/1977, disciplina própria ao desdobramento do custo de aquisição de investimentos avaliados pelo MEP. É por isso que nos dizeres de Sergio André Rocha e Paulo Cezar Aragão essa espécie de "deslegalização" das normas contábeis patrocinada pela Lei n. 11.638/2007 deve ser vista com "[...] a máxima cautela para que [...] não enseje o enfraquecimento dos princípios fundamentais da tributação, como a legalidade tributária [...]", e "[...] a incidência fiscal não pode ficar à disposição das mudanças contábeis estabelecidas pelo CPC, sob pena de violação ao princípio da legalidade [...]".[133]

Ricardo Mariz de Oliveira lança mão de interessante exemplo, que deixa evidente a submissão hierárquica das normas expedidas com lastro no Comitê de Pronunciamentos Contábeis em relação à legislação tributária:

> Destarte, se os atos infralegais emitidos pela Administração Tributária, e até os decretos promulgados pelo Presidente da República, não poderiam instituir ou alterar as obrigações tributárias ou a sua quantificação, muito menos os referidos princípios contábeis

132 OLIVEIRA, Ricardo Mariz de. Os vários caminhos da Lei nº 12.973: cuidados na sua interpretação. In: ROCHA, Sergio André (Coord.). *Direito tributário, societário e a reforma da Lei das S/A*: desafios da neutralidade e a Lei nº 12.973/2014. São Paulo: Quartier Latin, 2015. v. 4. p. 472-499. p. 475.

133 ARAGÃO, Paulo Cezar; ROCHA, Sergio André. Alteração dos padrões contábeis brasileiros: a neutralidade fiscal transitória, "deslegalização" da contabilidade e o princípio da legalidade tributária. In: ROCHA, Sergio André (Coord.). *Direito tributário, societário e a reforma da Lei das S/A*: alterações das Leis nº 11.638/07 e nº 11.941/09. São Paulo: Quartier Latin, 2010. v. 2. p. 495-512. p. 508 e 511.

> baixados por órgão controlador, regulador e fiscalizador do exercício da profissão de contabilista (ou qualquer outra entidade deste jaez, pública ou privada, como o Ibracon).[134]

Compartilha-se da ideia de que existem duas disciplinas para desdobramento do preço pago na compra de investimentos avaliados pelo MEP: uma fiscal e outra contábil. Isso implica ter um tratamento que pode acarretar registro de ágio de acordo com o Decreto-lei n. 1.598/1977 (legislação tributária) e, em algumas situações específicas, outro diferente nos termos do CPC 15 e da ICPC 09 (normas infralegais de natureza contábil).

Em obra publicada antes da edição da Lei n. 12.973/2014, Luís Eduardo Schoueri faz uso da expressão "figuras homônimas" ao explicar a existência de um ágio contábil e outro fiscal.[135] Essa expressão permanece atual. Tanto o Decreto-lei n. 1.598/1977 como o CPC 15 e a ICPC 09 fazem referência ao registro de *goodwill*, mais ou menos valia de ativos líquidos e ganho por compra vantajosa. Porém, as condições para aplicação das metodologias contábil e fiscal não se confundem.

Quanto mais esses normativos são estudados, mais diferenças são identificadas, o que apenas confirma a existência de

---

134 OLIVEIRA, Ricardo Mariz de. A tributação da renda e sua relação com os princípios contábeis geralmente aceitos. In: MOSQUERA, Roberto Quiroga; LOPES, Alexsandro Broedel (Coord.). *Controvérsias jurídico-contábeis (aproximações e distanciamentos)*. São Paulo: Dialética, 2010. p. 398-417. p. 399.

135 "Ao lado da ideia comum de ágio, surge um conceito, de índole legal, com igual denominação. Claro que o ágio, regulado pela lei, inspira-se na noção comum de ágio; entretanto, importa manter em mente que, uma vez disciplinada, a figura passa a ser instituto jurídico, inclusive quanto aos critérios a serem seguidos para sua apuração." SCHOUERI, Luís Eduardo. *Ágio em reorganizações societárias*: aspectos tributários. São Paulo: Dialética, 2012. p. 15 e 16.

figuras ou metodologias verdadeiramente homônimas.[136] Apenas para citar duas diferenças:

i) O CPC 15 se aplica à aquisição do controle de um negócio, pouco importando se esse negócio é ou não estruturado sobre a forma de uma pessoa jurídica. Já a sistemática prevista pelo artigo 20, do Decreto-lei n. 1.598/1977, é restrita à compra de participação societária avaliada pelo MEP. Isto é, podemos ter contabilmente o registro de um ágio na aquisição de um estabelecimento comercial (se assim for qualificado como um negócio nos termos do CPC 15), e, a princípio, esse ágio não existir para fins fiscais; e

ii) Contabilmente o ágio não é amortizável, mas apenas suscetível à redução do seu valor mediante a realização de teste de recuperabilidade (*impairment*). De outro lado, este mesmo ágio pode ser amortizado fiscalmente, desde que atendida a condição de união dos patrimônios da adquirente e da investida em decorrência dos eventos de incorporação, cisão ou fusão.

Por vezes, a aplicação do Decreto-lei n. 1.598/1977 pode coincidir com o tratamento previsto pela norma contábil. Por vezes, não. A situação em exame ilustra hipótese de uma diferença entre o tratamento contábil e o fiscal, caso em que para fins fiscais deve prevalecer a disciplina contida na legislação tributária, por

136 "O ágio, como se viu acima, é instituto jurídico. Tem disciplina legal exaustiva. O fato de haver figura homônima na Contabilidade - ou melhor, o fato de a figura tributária ter se inspirado naquela - não afasta a conclusão de que uma vez regulado pelo Direito, é neste campo que se deve investigar sua natureza." SCHOUERI, Luís Eduardo. *Ágio em reorganizações societárias*: aspectos tributários. São Paulo: Dialética, 2012. p. 12.

se tratar de norma hierarquicamente superior aos atos infralegais que aprovam os documentos emitidos pelo Comitê de Pronunciamentos Contábeis.

Ainda com apoio na doutrina de Luís Eduardo Schoueri, não se pode correr "[...] o risco de se acreditar que conceitos contábeis são supralegais, *i.e.*, que nem mesmo o legislador pode ousar contrariar a pureza da ciência contábil [...]".[137] O legislador tributário escolheu conferir tratamento legal ao registro do preço de compra pago pelo investidor. O intérprete da norma tem o dever de obediência a essa escolha.[138]

Em sentido diverso ao nosso entendimento, Elidie Palma Bifano argumenta que as normas emitidas pelo Comitê, embora infralegais, tem, sim, força de lei:

> Observe-se que, até este momento, os diversos agentes reguladores, no País, por meio de atos infralegais (instruções, resoluções e similares) vêm aprovando, total ou parcialmente, de forma expressa, os Pronunciamentos que passam, a partir de então, a integrar seu corpo normativo. Como decorrência, os Pronunciamentos que se integraram ao sistema têm força de lei, a partir de então, sendo sua adoção obrigatória para aquelas entidades que a esses agentes se submetem [...].
> A regra é princípio inserido no sistema constitucional e, no caso do Direito Contábil, também aplicável, implica

137 SCHOUERI, Luís Eduardo. *Ágio em reorganizações societárias*: aspectos tributários. São Paulo: Dialética, 2012. p. 13.

138 "É o instituto jurídico de ágio, portanto, que produz consequências tributárias. É ele - e não a figura contábil em que se inspira - que deve ser considerado na apuração da base de cálculo do imposto de renda. Eventuais conclusões extraídas da ciência contábil acerca do ágio apenas podem ser aceitas, na seara tributária, quando compatíveis com a conceituação jurídica do ágio." SCHOUERI, Luís Eduardo. *Ágio em reorganizações societárias*: aspectos tributários. São Paulo: Dialética, 2012. p. 16.

> que Pronunciamentos normatizadas são lei e o que aqueles que estão autorizados a emitir tais normatizações observem os padrões dispostos na lei societária.[139]

Concorda-se que as normas contábeis, ainda que infralegais, vinculam a escrituração das empresas, desde que não contrariem a legislação societária em vigor ou extrapolem os limites da competência normativa delegada por lei aos órgãos e agências responsáveis por dispor sobre critérios contábeis. No entanto, ainda assim, não deixam de ser essencialmente atos infralegais.

Aceitar a ideia de que um CPC, ICPC ou OCPC se integra ao ordenamento como lei pode acarretar implicações não desejáveis. Em resposta, recorre-se à obra de Ricardo Mariz de Oliveira, que exemplifica os efeitos adversos da consideração dos princípios contábeis como se lei fossem:

> Antes de vermos quais são esses princípios, é necessário coloca-los no seu devido lugar, principalmente, ante algumas manifestações, oriundas, na maioria das vezes, de setores contábeis, mas muitas vezes feitas por juristas em dúvida sobre a extensão da validade desses princípios, quando contrapostos às normas jurídicas [...].
>
> Em vista disso, argumentam que, ou indagam se, a lei teria dado prevalência a esses princípios [...].
>
> A resposta, entretanto, é claramente negativa [...], porque, se assim fosse, os princípios contábeis teriam passado a ser dogmas supra-legais, capazes de suplantar a verdade material ou a norma jurídica incidente

---

139 BIFANO, Elidie Palma. Novos aspectos do direito contábil: Lei nº 11.638/2007, suas alterações e variações sobre a interpretação da norma contábil. In: ROCHA, Sergio André (Coord.). *Direito tributário, societário e a reforma da Lei das S/A*: desafios da neutralidade tributária e do direito societário. São Paulo: Quartier Latin, 2012. v. 3. p. 155-177. p. 164 e 172.

> sobre essa verdade e criadora de direitos e obrigações, inclusive tributárias.
>
> De mais a mais, a possível mudança dos princípios contábeis, que é inerente a eles por derivarem da prática, acabaria por poder acarretar mudanças em obrigações legais em geral, e tributárias em particular, ao arrepio do princípio constitucional da legalidade. Neste cenário, uma simples resolução de um órgão contábil poderia afetar obrigações tributárias e violar frontalmente esse princípio, o que não é admitido a qualquer regulamento administrativo, mesmo quando baixado pelo Presidente da República no exercício da sua competência outorgada pelo art. 84, inciso IV, da CF e pelo art. 99 do CTN [...]. [...] fossem normas jurídicas, [...] não ficariam numa posição de superioridade, pois [...] perante o critério da hierarquia das normas, o princípio constitucional da legalidade faria com que os princípios contábeis se submetessem às normas do direito em geral, e do direito tributário em particular.[140]

O critério da hierarquia é, portanto, suficiente para a aplicação do artigo 20 do Decreto-lei n. 1.598/1977 para fins fiscais, na hipótese de aquisição de participação adicional pelo sócio controlador. Há ainda outro critério disponível e que igualmente ampara essa conclusão, o *da especialidade.*

2.4 Especialidade do Decreto-Lei n. 1.598/1977

Foi registrado em algumas passagens desta obra a evidente intercessão existente entre tributação e contabilidade. No campo

140 OLIVEIRA, Ricardo Mariz de. *Fundamentos do Imposto de Renda*. São Paulo: Quartier Latin, 2008. p. 1.040-1.042.

da tributação sobre a renda, vale mais uma vez repetir o exemplo de que o Decreto-lei n. 1.598/1977 fixa que o lucro real terá como referência o "[...] lucro líquido do exercício [...] determinado com observância dos preceitos da lei comercial [...]" (art. 6º, *caput*, § 1º).

A doutrina tradicionalmente qualifica essa relação de interdependência descrevendo o direito tributário como um direito de sobreposição[141], superposição[142] ou justaposição.[143] Independentemente da designação que se use, essas expressões indicam duas características fundamentais desse ramo do direito:

i) Como direito de sobreposição, por vezes toma emprestado conceitos definidos por outras áreas, a exemplo do direito societário e das normas de contabilidade; e

ii) Aplica filtros próprios sobre esses conceitos,[144] traduzindo-os segundo linguagem compatível com o tratamento a ser conferido na seara fiscal[145].

---

141 DIAS, Karem Jureidini. O ágio e a intertextualidade normativa. In: MOSQUERA, Roberto Quiroga; LOPES, Alexsandro Broedel (Coord.). *Controvérsias jurídico-contábeis (aproximações e distanciamentos).* São Paulo: Dialética, 2011. v. 2. p. 86-106. p. 89;

142 TAKATA, Marcos Shigueo. A conexão da contabilidade com o direito tributário: direito contábil e direito tributário. In: MOSQUERA, Roberto Quiroga; LOPES, Alexsandro Broedel (Coord.). *Controvérsias jurídico-contábeis (aproximações e distanciamentos).* São Paulo: Dialética, 2010. p. 287-325. p. 290.

143 SANTOS, João Victor Guedes. Direito tributário e justaposição: a contabilidade societária e os limites à neutralidade fiscal. In: MOSQUERA, Roberto Quiroga; LOPES, Alexsandro Broedel (Coord.). *Controvérsias jurídico-contábeis (aproximações e distanciamentos).* São Paulo: Dialética, 2010. p. 185-215. p. 193.

144 "[...] entre lei e fato há um filtro que se chama qualificação do fato." GRECO, Marco Aurélio. O planejamento tributário e o Novo Código Civil. In: BORGES, Eduardo de Carvalho (Coord.). *Impacto tributário do Novo Código Civil.* São Paulo: Quartier Latin, 2004. p. 133 ss. p. 134.

145 "Normas jurídicas incidem sobre normas jurídicas. Assim, é tecnicamente mais correto (e relevante para o propósito desta seção) dizer que o Direito

Conforme explica Marcos Vinicius Neder, em "[...] nosso Direito, é usual que a hipótese normativa descreva um fato já qualificado juridicamente, como ocorre com os enunciados fáticos produzidos segundo critérios definidos por normas contábeis e societárias."[146] O autor conclui que "O Direito Tributário é uma linguagem de sobrenível em relação à linguagem contábil [...]".

O que se constata é que a contabilidade possui lente própria, para o fim específico de elaboração e divulgação das demonstrações contábeis.[147] Do mesmo modo, o direito tributário também tem suas próprias lentes, dirigidas para o fim específico de arrecadação de fundos para o Estado, que enxergam institutos de outros ramos - o contábil, por exemplo - e os traduz para a esfera tributária.

Esse filtro - ou lente própria - é o mecanismo pelo qual a sobreposição do direito tributário é colocada em prática. Nessa perspectiva, para fins fiscais, as normas de contabilidade são sub-

---

"traduz" a informação contábil em norma jurídica, sendo que nesse processo pode haver, inclusive, uma alteração no sentido original do termo traduzido, pois a linguagem e o contexto de utilização daquele conceito é diferente." SCHOUERI, Luís Eduardo; TERSI, Vinicius Feliciano. As inter-relações entre a contabilidade e o direito: atender ao RTT significa obter neutralidade tributária? In: MOSQUERA, Roberto Quiroga; LOPES, Alexsandro Broedel (Coord.). *Controvérsias jurídico-contábeis (aproximações e distanciamentos)*. São Paulo: Dialética, 2011. v. 2. p. 107-150. p. 126.

146 NEDER, Marcos Vinicius. A prevalência da substância sobre a forma nos planejamentos tributários: um falso dilema. In: MOSQUERA, Roberto Quiroga; LOPES, Alexsandro Broedel (Coord.). *Controvérsias jurídico-contábeis (aproximações e distanciamentos)*. São Paulo: Dialética, 2010. p. 326-345. p. 326.

147 LOPES, Alexsandro Broedel; MOSQUERA, Roberto Quiroga. O direito contábil: fundamentos conceituais, aspectos da experiência brasileira e implicações. In: MOSQUERA, Roberto Quiroga; LOPES, Alexsandro Broedel (Coord.). *Controvérsias jurídico-contábeis (aproximações e distanciamentos)*. São Paulo: Dialética, 2010. p. 56-81. p. 59.

jacentes ao Direito Tributário[148], inclusive após a disciplina dos novos padrões contábeis pela Lei n. 12.973/2014.[149]

Para Heleno Tôrres, a norma tributária, ao interagir com institutos do direito privado, manifesta-se das seguintes formas:

i) cria tipo próprio, alheio a outros do direito privado;

ii) estabelece reenvio direto à disciplina do direito privado, quando as normas tributárias nada prescrevem de inovador; ou

iii) transforma o conceito sem que este perca a sua identidade nas relações regidas exclusivamente pelo direito privado.[150]

---

148 TAKATA, Marcos Shigueo. A conexão da contabilidade com o direito tributário: direito contábil e direito tributário. In: MOSQUERA, Roberto Quiroga; LOPES, Alexsandro Broedel (Coord.). *Controvérsias jurídico-contábeis (aproximações e distanciamentos).* São Paulo: Dialética, 2010. p. 287-325. p. 290.

149 "Não cabe interpretação regida por um 'automatismo', segundo o qual os conceitos regulados pela Contabilidade foram necessariamente assim capturados pela Lei 12.973, que não os modificaria para fins tributários, postura que esbarraria na supremacia do ordenamento jurídico como instrumento de regulação das condutas [...]". HADDAD, Gustavo Lian; PAES, Gustavo Duarte. O ágio por expectativa de rentabilidade futura na Lei 12.973 e o goodwill na combinação de negócios: aproximações e distanciamento. In: MOSQUERA, Roberto Quiroga; LOPES, Alexsandro Broedel (Coord.). *Controvérsias jurídico-contábeis (aproximações e distanciamentos).* São Paulo: Dialética, 2015. v. 6. p. 246-272. p. 249.

150 "As relações entre normas de direito civil e normas tributárias supõem destas últimas em mecanismo seletivo de propriedades para determinar os específicos efeitos dos atos jurídicos de direito privado no âmbito tributário. E, assim, poderemos ter: i) a criação de algum tipo próprio, alheio a quaisquer outros do direito privado; ii) um reenvio direto àquelas matérias, quando as normas tributárias nada prescrevem de inovador; ou ainda iii) uma transformação dos conceitos sem que estes percam suas identidades nas relações regidas exclusivamente pelo direito privado, como veremos adiante. Desde que isso seja feitos nos limites da autorização constitucional e das normas gerais do direito tributário, nenhum outro obstáculo pode ser reclamado." TÔRRES, Heleno Taveira. *Direito tributário e direito privado*: autonomia privada, simulação, elusão tributária. São Paulo: Revista dos Tribunais, 2003. p. 16.

Seja pela criação de tipo próprio (i) ou pela transformação de conceitos já existentes (iii), fato é que conceitos de outras áreas podem assumir contornos fiscais independentes. Se esse não for o desejo do legislador tributário, fará remissão expressa à legislação privada (ii).

Como lição, abstrai-se que fenômenos contábeis não podem ser automaticamente importados para o âmbito tributário, até porque a tributação é guiada por princípios próprios, a começar pelo da legalidade. Paulo de Barros Carvalho resume muito bem a diferença existente entre as lentes da tributação e as da contabilidade:

> Existe interpretação econômica do fato? Sim, para os economistas. Existirá interpretação contábil do fato? Certamente, para o contabilista. No entanto, uma vez assumido o caráter jurídico, o fato será, única e exclusivamente, fato jurídico; e claro, fato de natureza jurídica não econômica ou contábil, entre outras matérias.[151]

Na situação em estudo, em que se tem uma mesma situação regulada de forma distinta pelo Decreto-lei n. 1.598/1977 (norma fiscal) e pela ICPC 09 (norma contábil), entende-se que a legislação fiscal criou um tipo próprio, existindo figura homônima no direito contábil, mas que não se confunde com a metodologia da legislação tributária.

O artigo 20 do Decreto-lei poderia ter definido que a metodologia de desdobramento do custo de aquisição de investimentos avaliados pelo MEP deveria seguir os preceitos estabelecidos pelo Comitê de Pronunciamentos Contábeis. Não foi este o caso. Como estudado no tópico anterior, a ausência de

---

151 CARVALHO, Paulo de Barros. *Curso de direito tributário*. 23. ed. São Paulo: Saraiva, 2011. p. 311.

uma remissão expressa nesse sentido muito diz sobre a intenção do legislador. Nas palavras de Luciano Amaro, a "[...] identidade do instituto, no direito privado e no direito tributário, dá-se sempre que o direito tributário não queira modificá-lo para fins fiscais, bastando, para que haja essa identidade, que ele se reporte ao instituto sem ressalvas [...]".[152]

Ademais, a disciplina apresentada pelo artigo 20 serve ao específico propósito de regular como esse custo será deduzido para fins fiscais, não se misturando com os objetivos da norma contábil. Conforme examinamos ao longo deste trabalho, o artigo 20 atua como ferramenta para a aplicação da regra geral de dedução fixada no artigo 33, do Decreto-lei, (consideração do ágio como custo na apuração do ganho de capital pela realização do investimento), ou como instrumento para aplicação da regra especial, hoje prevista pelos artigos 20 e seguintes da Lei n. 12.973/2014 (dedução do ágio por ocasião dos eventos de incorporação, fusão ou cisão).

São "[...] inconfundíveis as disciplinas legais e contábeis do ágio [...]".[153] A metodologia contida no artigo 20, do Decreto-lei, possui um escopo claro e bem definido, cujos efeitos se encerram dentro do ordenamento tributário. É lei específica, e que, portanto, deve prevalecer em relação à sua figura homônima - e infralegal - representada pelo CPC 15 e pela ICPC 09.

Ao tratar dos tipos de conflitos interpretativos que podem decorrer na relação entre o direito tributário e a contabilidade,

---

152 AMARO, Luciano. *Direito tributário brasileiro*. 15. ed. São Paulo: Saraiva, 2009. p. 218.

153 BARRETO, Paulo Ayres. Amortização do ágio: limites normativos. In: MANEIRA, Eduardo; SANTIAGO, Igor Mauler (Coord.). *O ágio no direito tributário e societário*: questões atuais. São Paulo: Quartier Latin, 2015. p. 317-337. p. 325.

Luís Eduardo Schoueri e Vinicius Feliciano Tersi designam uma espécie em particular que bem representa o aparente conflito normativo em exame; trata-se de conflito relativo à "alteração de base contábil", hipótese em que o "[...] Direito Tributário 'importa' um conceito da contabilidade, bem como métodos de controle contábeis, e lhes dá determinado tratamento tributário [...]".[154] Questões relativas ao ágio, assim como elencado pelos autores, enquadram-se nessa categoria.

Não se trata, portanto, da situação típica prevista pelo artigo 109, do Código Tributário Nacional (Lei n. 5.172/1966), em que determinado "[...] instituto de direito privado é 'importado' pelo direito tributário com a mesma conformação que lhe dá o direito privado [...]".[155] O artigo 20, do Decreto-lei n. 1.598/1977, utiliza da expressão "ágio", "mais-valia", etc., porém essas figuras surgem no universo fiscal seguindo metodologia própria do artigo, que, embora seja semelhante à prevista pelas normas contábeis, possui alcance e efeitos diversos. Merece destaque o pensamento de Heleno Taveira Tôrres a esse respeito:

> [...] legislador tributário somente se vai limitar por uma espécie de princípio conservativo dos tipos e formas dos atos e negócios jurídicos de direito privado, quando esses se encontrarem relacionados com aqueles adotados pela Constituição Federal para a distribuição de competências tributárias, sem que isto implique reconhecer qualquer prevalência do direito privado sobre o direito

154 SCHOUERI, Luís Eduardo; TERSI, Vinicius Feliciano. As inter-relações entre a contabilidade e o direito: atender ao RTT significa obter neutralidade tributária? In: MOSQUERA, Roberto Quiroga; LOPES, Alexsandro Broedel (Coord.). *Controvérsias jurídico-contábeis (aproximações e distanciamentos).* São Paulo: Dialética, 2011. v. 2. p. 107-150. p. 115.

155 AMARO, Luciano. *Direito tributário brasileiro.* 15. ed. São Paulo: Saraiva, 2009. p. 218.

> tributário, porquanto a prevalência seja exclusivamente do direito constitucional.[156]

Nesta linha, é oportuna a elaboração de breve analogia com a forma que o legislador tributário optou por tributar as operações de arrendamento mercantil, estabelecendo para esse tipo de contrato contornos muito distintos daqueles previstos pela contabilidade.

Essa espécie de arrendamento pressupõe haver a transferência substancial dos riscos e benefícios inerentes à propriedade do bem arrendado. Nesses casos, a técnica contábil exige que o ativo seja contabilizado pelo arrendador, embora formalmente a propriedade do bem seja do arrendatário.[157]

Para fins fiscais, no entanto, a Lei n. 12.973/2014 privilegiou a forma, mantendo a dedução do custo de aquisição do bem na pessoa jurídica do arrendador, ainda que o ativo não esteja presente nos seus livros comerciais:

> Art. 46. Na hipótese de operações de arrendamento mercantil que não estejam sujeitas ao tratamento tributário previsto pela Lei nº 6.099, de 12 de setembro de 1974, as pessoas jurídicas arrendadoras deverão reconhecer, para fins de apuração do lucro real, o resultado relativo à operação de arrendamento mercantil proporcionalmente ao valor de cada contraprestação durante o período de vigência do contrato.
>
> [...]
>
> § 2º O disposto neste artigo aplica-se somente às operações de arrendamento mercantil em que há transferência substancial dos riscos e benefícios inerentes à propriedade do ativo.

156 TÔRRES, Heleno Taveira. *Direito tributário e direito privado*: autonomia privada, simulação, elusão tributária. São Paulo: Revista dos Tribunais, 2003. p. 78.

157 CPC 06 (R2) - Operações de arrendamento mercantil, itens 61 e seguintes.

> § 3º Para efeitos do disposto neste artigo, entende-se por resultado a diferença entre o valor do contrato de arrendamento e somatório dos custos diretos iniciais e o custo de aquisição ou construção dos bens arrendados.

Em suma, o artigo 46 da Lei n. 12.973/2014 determina que o arrendador tribute o resultado do arrendamento (*caput*) considerando nesta equação os custos de aquisição do bem (§ 3º). Isto é, mesmo no caso extremo de um arrendamento financeiro, em que o bem sequer consta no balanço do arrendador, a dedutibilidade do custo do ativo foi mantida pelo sistema tributário na figura do proprietário formal do ativo.

Já o artigo 47 prediz que o arrendatário só poderá deduzir o valor das contraprestações pagas ou creditadas por força do contrato:

> Art. 47. Poderão ser computadas na determinação do lucro real da pessoa jurídica arrendatária as contraprestações pagas ou creditadas por força de contrato de arrendamento mercantil, referentes a bens móveis ou imóveis intrinsecamente relacionados com a produção ou comercialização dos bens e serviços, inclusive as despesas financeiras nelas consideradas.

Ou seja, embora o bem seja contabilizado pelo arrendatário, ele não poderá deduzir os seus encargos de depreciação / amortização, sendo lícito apenas a dedução dos valores pagos no âmbito do arrendamento. Tal disciplina é coerente com o artigo 46, que, como visto, reserva a dedução do custo do bem ao arrendador, detentor da propriedade formal do ativo.

Assim, como a legislação tributária dedicou tratamento próprio ao arrendamento mercantil, diametralmente oposto à disciplina conferida pela contabilidade ao mesmo tema, o Decreto-lei

n. 1.598/1977 o fez em relação ao registro do ágio, criando figura homônima à disciplinada pelo CPC 15 e pela ICPC 09.

É pertinente a afirmação realizada por Fernando Daniel de Moura Fonseca, em trabalho dedicado à análise das normas tributárias e a convergência das regras contábeis internacionais. O autor ressalta que "[...] não há qualquer obrigação do legislador de incorporar uma dada definição contábil, ainda que tenha decidido valer-se do mesmo nome adotado pelas Ciências Contábeis. A identidade de nomes não gera automática identidade de efeitos. Existindo um conceito jurídico, esse deverá prevalecer."[158]

Toda essa conclusão se torna ainda mais verdadeira quando se coloca em perspectiva que as normas contábeis em estudo têm como pano de fundo as normas de elaboração de demonstrações financeiras consolidadas.

Vale lembrar que a contabilização do ágio pago pelo sócio controlador em conta de patrimônio líquido – e não como um ativo – nas suas demonstrações individuais deriva de metodologia empregada para escrituração dessa mesma operação nas demonstrações consolidadas. A orientação prevista pela ICPC 09 tem sua origem nas regras de elaboração de balanços consolidados.

Ocorre que no Brasil a técnica de consolidação é absolutamente imprestável para fins fiscais. Não existe no ordenamento brasileiro a tributação da renda de grupos econômicos. Os tributos incidem sobre o lucro gerado por cada pessoa jurídica, individualmente.[159] Essa norma jamais poderia influenciar o tra-

---

158 FONSECA, Fernando Daniel de Moura. *Normas tributárias e a convergência das regras contábeis internacionais*. 2. ed. Rio de Janeiro: Lumen Juris, 2015. p. 160.

159 "[...] as demonstrações consolidadas são uma importantíssima fonte de informação para os usuários externos, mas não deriva delas qualquer direito societário (cálculos de dividendo, valor do direito de recesso etc.) ou qualquer obrigação tributária. Tudo, nesse aspecto, no Brasil, continua regido pelas demonstrações contábeis individuais."

tamento fiscal dispensado pelo Decreto-lei n. 1.598/1977 ao ágio legitimamente pago pelo investidor controlador.[160]

Por mais essa razão, justifica-se a aplicação do Decreto-lei para fins fiscais. A especialidade dessa norma é evidente, devendo ser sobreposta à ICPC 09 como resolução do conflito entre a contabilidade e o direito tributário.[161] Para Ricardo Mariz de Oliveira, ainda que os princípios contábeis "[...] fossem normas jurídicas, [...] não ficariam numa posição de superioridade, pois, pelo contrário, ante o critério da especialidade das normas, deveriam se submeter às normas das leis, ainda que de nível ordinário, pois que estas seriam sempre mais específicas."[162]

LOPES, Alexsandro Broedel; MARTINS, Eliseu. Do ágio baseado em expectativa de rentabilidade futura: algumas considerações contábeis. In: MOSQUERA, Roberto Quiroga; LOPES, Alexsandro Broedel (Coord.). *Controvérsias jurídico-contábeis (aproximações e distanciamentos)*. São Paulo: Dialética, 2012. v. 3. p. 33-80. p. 44.

160 "A novel redação do artigo 20 do DL 1.598 conferida pela Lei 12.973, embora evidentemente inspirada na regulação contábil ao definir o registro e quantificação do ágio na aquisição de participação societária, tem vida própria e define diretamente as condições e requisitos para sua aplicação [...]". HADDAD, Gustavo Lian; PAES, Gustavo Duarte. O ágio por expectativa de rentabilidade futura na Lei 12.973 e o goodwill na combinação de negócios: aproximações e distanciamento. In: MOSQUERA, Roberto Quiroga; LOPES, Alexsandro Broedel (Coord.). *Controvérsias jurídico-contábeis (aproximações e distanciamentos)*. São Paulo: Dialética, 2015. v. 6. p. 246-272. p. 269.

161 Afirma Paulo Ayres Barreto, "[...] se houver antinomia entre a regra de Direito Civil e a norma tributária, ambas veiculadas por lei federal, prevalecerá esta última por força do critério da especialidade. Mesmo que a lei federal civil seja posterior à lei tributária, há que ser aplicada a regra especial de natureza tributária [...]". Doutrinariamente, esclarece Norberto Bobbio "[...] Com base nessa regra, o conflito entre o critério de especialidade e o critério cronológico deve ser resolvido em favor do primeiro: a lei geral sucessiva não tira do caminho a lei geral precedente [...]". BARRETO, Paulo Ayres. *Elisão tributária*: limites normativos. 2008. 288 f. Tese (Livre Docência) – Faculdade de Direito, Universidade de São Paulo, São Paulo, 2008. p. 168.; BOBBIO, Norberto. *Teoria do ordenamento jurídico*. Tradução Tércio Sampaio Ferraz Júnior. 6. ed. Brasília: Ed. UnB, 1995. p. 108.

162 OLIVEIRA, Ricardo Mariz de. *Fundamentos do Imposto de Renda*. São Paulo: Quartier Latin, 2008. p. 1.042.

As normas contábeis não exercem influência automática sobre a tributação, eis que devem necessariamente passar pelos filtros do direito tributário. Assim, embora o legislador tributário tenha buscado inspiração na norma contábil (CPC 15) ao redigir o atual texto do Decreto-lei 1.598/1977 (artigo 20), isso não significa que a regra societária deva prevalecer para fins fiscais, notadamente quando há norma tributária específica aplicável.

Portanto, pelo critério da especialidade – além do critério da hierarquia –, pode-se igualmente concluir pela possibilidade de registro e amortização do ágio pago na aquisição de participação adicional pelo sócio controlador. Havendo, na verificação de fatos relevantes para a tributação, eventual contradição entre a norma contábil e a tributária, prevalece a tributária. Norma específica prevalece em detrimento da norma geral.

2.5 Dever de obediência ao Decreto-Lei n. 1.598/1977

Além da aplicação dos critérios da hierarquia e especialidade, abordados anteriormente, é preciso se ter em conta que, objetivamente, o contribuinte não teria outra alternativa senão atender ao quanto exigido pelo Decreto-lei n. 1.598/1977. A redação do artigo 20, do Decreto-lei, faz uso do verbo "dever", perfazendo uma obrigação orientada a todos os contribuintes que adquiram participações avaliadas pelo MEP:

> Art. 20. O contribuinte que avaliar investimento pelo valor de patrimônio líquido deverá, por ocasião da aquisição da participação, desdobrar o custo de aquisição em:
>
> I - valor de patrimônio líquido na época da aquisição, determinado de acordo com o disposto no artigo 21;

> II - mais ou menos-valia, que corresponde à diferença entre o valor justo dos ativos líquidos da investida, na proporção da porcentagem da participação adquirida, e o valor de que trata o inciso I do **caput**; e
>
> III - ágio por rentabilidade futura (**goodwill**), que corresponde à diferença entre o custo de aquisição do investimento e o somatório dos valores de que tratam os incisos I e II do **caput**.

Ao estabelecer essa obrigação, o artigo 20 o faz sem distinção ou ressalva em relação à forma como o negócio será registrado para fins contábeis. Portanto, toda e qualquer aquisição de investimentos avaliados pelo MEP possui, para fins fiscais, o dever de obediência a esse dispositivo, sob pena de ter os seus efeitos questionados pela própria RFB.

Nessa linha, relevante comentar que a norma impõe apenas uma condição para aplicação dessa metodologia de desdobramento do custo de aquisição de investimentos, qual seja: o ativo deve ser suscetível à avaliação pelo MEP. Esse é o único requisito da lei.

Em interessante ensaio publicado sobre o tratamento do ágio pago pelo sócio controlador, Gustavo Lian Haddad e Gustavo Duarte Paes destacam precisamente este aspecto:

> Do enunciado do dispositivo verifica-se que ele se aplica sempre que houver aquisição de participação societária em investimento avaliado pelo método da equivalência patrimonial, claramente o caso de participação em sociedade já controlada de que se cuida no presente tópico.
>
> [...]
>
> Em razão de todo o exposto, não vislumbramos na hipótese tratamento fiscal diverso para o ágio que não o explicado no presente artigo apenas pelo fato de ele ter sido, na hipótese, registrado como redutor de conta de patrimônio líquido.

> Seu regime tributário será o mesmo do ágio eventualmente registrado por ocasião da aquisição do controle, inclusive para fins de eventuais futuras reorganizações societárias (fusão, cisão ou incorporação) reguladas pelo artigo 22 da Lei 12.973 tratado anteriormente.[163]

Diferentemente do CPC 15 e da ICPC 09, a norma fiscal não limita o seu escopo às operações em que há a aquisição de controle da investida,[164] não faz menção a regras de consolidação de balanços, não exige que a transação reflita uma combinação de negócios,[165] bem como a norma não proíbe a sua aplicação aos casos em que o controlador adquire participação adicional na controlada. Se o investimento for avaliado pelo patrimônio líqui-

---

163 HADDAD, Gustavo Lian; PAES, Gustavo Duarte. O ágio por expectativa de rentabilidade futura na Lei 12.973 e o goodwill na combinação de negócios: aproximações e distanciamento. In: MOSQUERA, Roberto Quiroga; LOPES, Alexsandro Broedel (Coord.). *Controvérsias jurídico-contábeis (aproximações e distanciamentos).* São Paulo: Dialética, 2015. v. 6. p. 246-272. p. 269 e 271.

164 "[...] a lei fiscal [...] exige tão somente a aquisição, não necessariamente de controle, de participação societária avaliada pelo Método da Equivalência Patrimonial [...] por valor superior ao seu valor de patrimônio líquido." GALHARDO, Luciana Rosanova; LOPES JUNIOR, Jorge Ney de Figueirêdo. As novas normas contábeis e a amortização fiscal de ágio. In: MOSQUERA, Roberto Quiroga; LOPES, Alexsandro Broedel (Coord.). *Controvérsias jurídico-contábeis (aproximações e distanciamentos).* São Paulo: Dialética, 2010. p. 216-240. p. 226.

165 "Não nos parece, contudo, que estas disposições afetem diretamente as regras de reconhecimento de um determinado investimento pelo Método de Equivalência Patrimonial. Para fins fiscais, não importa a modalidade de aquisição, se combinação de negócios ou não, mas o registro do investimento pelo MEP. Se o investimento estiver registrado pelo Método de Equivalência Patrimonial é possível o desdobramento do custo de aquisição da participação societária, para efeito da apuração do ágio ou deságio." DIAS, Karem Jureidini. O ágio e a intertextualidade normativa. In: MOSQUERA, Roberto Quiroga; LOPES, Alexsandro Broedel (Coord.). *Controvérsias jurídico-contábeis (aproximações e distanciamentos).* São Paulo: Dialética, 2011. v. 2. p. 86-106. p. 102.

do, o seu custo deverá ser desdobrado nos termos do artigo 20, do Decreto-lei n. 1.598/1977.[166]

Em estudo sobre o tema, Renato Reis Batiston, embora concorde que o ágio pago pelo controlador é válido, classifica a diferença entre a norma tributária e a contábil como uma "lacuna".[167] Entendemos, porém, não ser este o caso.

Uma lacuna significa a "ausência de disposição expressa".[168] A legislação tributária foi expressa ao discorrer que o custo de aquisição de investimentos avaliados pelo MEP será desdobrado na forma do artigo 20, do Decreto-lei n. 1.598/1977. Se o legislador não restringiu o escopo desse dispositivo, é porque a norma se aplica a qualquer participação sujeita ao MEP, envolvendo, naturalmente, participação adicional adquirida pelo sócio controlador.[169] Não há lacuna, mas um descasamento entre o teor de

166 "Diferentemente do ocorre com a legislação contábil, a nova Lei não prescreve formas de cálculos distintas para investimentos que sejam ou não qualificados como "combinação de negócios". Os critérios estabelecidos na Lei são uniformes para todo e qualquer investimento que deva ser avaliado pelo método da equivalência patrimonial de acordo com o método estabelecido pela própria lei [...]". ANDRADE FILHO, Edmar Oliveira. O regime jurídico tributário da mais-valia sobre investimentos e do ágio por rentabilidade futura na vigência da Lei nº 12.973/14. In: ROCHA, Sergio André (Coord.). *Direito tributário, societário e a reforma da Lei das S/A*: desafios da neutralidade e a Lei nº 12.973/2014. São Paulo: Quartier Latin, 2015. v. 4. p. 135-152. p. 137.

167 BATISTON, Renato Reis. Reconhecimento de ágio em operações de aquisição de participação societária adicional por controlador. In: ROCHA, Sergio André (Coord.). *Direito tributário, societário e a reforma da Lei das S/A*: controvérsias após a Lei nº 12.973. São Paulo: Quartier Latin, 2018. v. 5. p. 453-465.

168 AMARO, Luciano. *Direito tributário brasileiro*. 15. ed. São Paulo: Saraiva, 2009. p. 210.

169 "E veja-se que a lei tributária exige essa forma de mensuração da mais ou menos-valia de ativos e do *goodwill* ou de ganho por compra vantajosa em qualquer operação de aquisição de investimento sujeito à avaliação pelo valor de patrimônio líquido, ainda que não esteja havendo aquisição de controle, ao passo que, para fins contábeis, essa metodologia de mensuração, conforme CPC 15, somente se verifica nessa extensão e completude quando estiver havendo aquisição de controle. Significa dizer que, ainda

uma norma tributária e o conteúdo das normas expedidas pelo Comitê de Pronunciamentos Contábeis.

De se notar que o dever imposto pelo Decreto-lei apenas reforça o caráter especial da norma, comentado no tópico anterior. O artigo 20, do Decreto-lei, é vinculante aos investimentos avaliados pelo MEP, independentemente do tratamento que será conferido para fins contábeis.

Impende comentar que o racional aqui apresentado (dever de obediência ao Decreto-lei n. 1.598/1977) prevalece ainda que se adote o entendimento de ser a dedução do ágio espécie de benefício fiscal. Antecipa-se não ser este o nosso entendimento, pois a dedução do ágio é orientada pela garantia de tributação da renda líquida. Para tanto, faz-se necessária a dedução do custo incorrido pelo investidor em relação aos lucros gerados pelo investimento adquirido. Não se trata, pois, de benefício fiscal.

No entanto, sabe-se que a consideração da dedução do ágio como incentivo tributário é entendimento usualmente empregado pela RFB e por vezes também adotado pela jurisprudência administrativa[170], sendo relevante a sua ponderação diante da compra de participação pelo sócio controlador.

Nessa hipótese, deveria ser reservada ao artigo 20 do Decreto-lei n. 1.598/1977 interpretação literal, conforme prescrito

---

que para efeitos contábeis essa forma de mensuração não seja exigida, para efeitos fiscais, esta somente pode como deve ser levada a termo." MARTINS, Natanael. A Lei 12.973/2014 e o novo tratamento tributário dado às operações de combinação de negócios: pronunciamento Técnico CPC 15. In: MOSQUERA, Roberto Quiroga; LOPES, Alexsandro Broedel (Coord.). *Controvérsias jurídico-contábeis (aproximações e distanciamentos)*. São Paulo: Dialética, 2015. v. 6. p. 467-490. p. 474.

170 BRASIL. Ministério da Fazenda. Conselho Administrativo de Recursos Fiscais. 2ª Câmara, 1ª Turma Ordinária, 1ª Seção de Julgamento. Processo n. 10600.720016/2014-31. Recurso Voluntário. Acórdão n. 1201-001.811. Relator: Luis Henrique Marotti Toselli. Recorrente: Tempo Serviços S/A. Recorrida: Fazenda Nacional. Brasília, DF, 25 de julho de 2017. Brasília, DF: CARF, 2017.

pelo artigo 111 do Código Tributário Nacional (Lei n. 5.172, de 25 de outubro de 1966), cenário que redundaria reconhecimento de ágio dedutível para fins tributários pelas razões já expostas nesta seção: segundo aplicação literal do artigo 20, encontram-se os contribuintes obrigados ao desdobramento do custo de aquisição de investimentos avaliados pelo MEP entre valor contábil da participação adquirida e eventual ágio pago. Este é o comando objetivo apresentado pelo *caput* do artigo 20.

Fato é que o ágio incorrido pelo sócio controlador surge como inevitável consequência da necessária observância da legislação tributária, sendo este fator determinante para sua validação como efetivo custo passível de ser deduzido pelo investidor.

2.6 Escopo do Decreto-Lei n. 1.598/1977

A disciplina de desdobramento e tratamento fiscal do custo de aquisição de investimentos sujeitos ao MEP sofreu diversas alterações em quase quatro décadas de evolução. No entanto, é interessante perceber que, a despeito das reiteradas inovações da legislação, a norma sempre preservou como objetivo central a possibilidade de dedução do custo legitimamente pago na aquisição de participações avaliadas pelo MEP.

Uma breve retrospectiva dessa evolução normativa permite aferir que, independentemente da fase histórica ou da metodologia escolhida pelo legislador em um dado momento, o escopo da norma sempre foi o de regular e viabilizar a amortização do ágio ou mais-valia paga. Vejamos[171]:

171 SARAIVA, Telírio Pinto; BIFANO, Elidie Palma, Disciplinas de realização do ágio e o art. 65 da Lei nº 12.973/14: interpretando a norma de transição; FGV Direito SP Research Paper Series n. TL014 (2019). Disponível em https://ssrn.com/abstract=3332784, p. 7-13.

i) Em sua fase inicial, o Decreto-lei n. 1.598/1977 já previa a possibilidade de dedução do ágio pago como custo para fins de apuração do ganho de capital na realização do investimento (regra geral; arts. 20 e 33), bem como permitia a dedução desse custo nos eventos de incorporação, fusão ou cisão (regra especial – artigo 34);

ii) Em 1997, a Lei n. 9.532 (arts. 7º e 8º) estabelece nova regra especial para dedução / tributação do ágio / deságio nos eventos de incorporação, fusão ou cisão, aprimorando a possibilidade de amortização do preço pago pelo sócio na aquisição de investimento avaliado pelo MEP, como medida para fomentar os processos de privatização de empresas públicas; e

iii) Em sua fase atual, a Lei n. 12.973/2014 atualizou tanto a regra geral, contida no Decreto-lei n. 1.598/1977 (arts. 20 e 33), como estabeleceu nova regra especial relativa aos eventos de incorporação, fusão ou cisão (Lei n. 12.973/2014, arts. 20 e seguintes). Embora a metodologia de mensuração do custo fiscal dos investimentos avaliados pelo MEP tenha sido profundamente modificada, ainda hoje a legislação tributária permite a dedutibilidade do custo de aquisição de investimentos avaliados pelo patrimônio líquido.

O estudo dessas três fases de evolução da norma permite concluir que:

i) Tanto a essência do regime previsto na versão original do Decreto-lei n. 1.598/1977, como a metodologia trazida pela Lei n. 9.532/1997, foram adaptados e preservados pelas alterações promovidas pela Lei n.

12.973/2014, que apenas buscaram aprimorar o sistema de dedutibilidade do preço pago na compra de investimentos mensurados pelo MEP; e

ii) A metodologia prevista pelo Decreto-lei n. 1.598/1977, bem como a disciplina de dedução desse custo (regulada atualmente pela Lei n. 12.973/2014), foram mantidas mesmo após a convergência das normas contábeis brasileiras às internacionais e publicação do CPC 15 e da ICPC 09. Aliás, como visto, originalmente a contabilidade se valia das regras existentes na legislação tributária como referência para registro inicial de investimentos sujeitos ao MEP.

A intenção do legislador sempre foi viabilizar a amortização do custo de aquisição dos investimentos avaliados pelo MEP. Na verdade, essa postura tem sido reiteradamente estimulada pelo Estado, tendo como expoentes a edição da Lei n. 9.532/1997 – em modificação da regra especial como estímulo às privatizações – e também a Lei n. 10.637/2002, (art. 36), que "[...] beneficiou a entidade que integralizasse participação societária numa empresa no aumento de capital de outra, promovendo o diferimento da tributação do lucro daí resultante. Com isso, diferimento do lucro na vendedora, mas dedutibilidade imediata do ágio na adquirente [...]."[172]

Essa interpretação histórica e finalística é fundamentada pelo racional de que o ágio, na qualidade de custo do investimento,

---

172 MARTINS, Eliseu; IUDÍCIBUS, Sérgio de. Intangível: sua relação contabilidade/direito: teoria, estruturas conceituais e normas – problemas fiscais de hoje. In: MOSQUERA, Roberto Quiroga; LOPES, Alexsandro Broedel (Coord.). *Controvérsias jurídico-contábeis (aproximações e distanciamentos).* São Paulo: Dialética, 2011. v. 2. p. 69-87. p. 83.

equivale a uma despesa necessária à atividade da empresa e à manutenção da fonte produtora, conforme prescrito pelo artigo 311, do Regulamento do Imposto de Renda (Decreto n. 9.580/2018). Segundo Humberto Ávila, a eventual vedação a amortização desse custo implica verdadeira tributação do patrimônio do contribuinte, e não da sua renda:

> [...] não há dúvida de que as despesas decorrentes da aquisição de investimento com ágio baseado em rentabilidade futura devem ser enquadradas na categoria das despesas necessárias. E assim é porque o ágio é uma despesa paga pela empresa investidora na aquisição de um investimento cuja avaliação, baseada na sua rentabilidade futura, supera o seu valor atual. Em outras palavras e para o que aqui interessa mais de perto, o ágio é parte do custo de aquisição de um investimento, qualificando-se, por conseguinte, como uma despesa necessária à atividade da empresa que o adquire.
>
> Sendo isso verdadeiro, contudo, a proibição de deduzir ou amortizar as despesas decorrentes do ágio por rentabilidade futura colide com a Constituição na medida em que esta obriga o legislador a permitir a dedução de despesas necessárias à manutenção da fonte produtora da renda. A vedação do aproveitamento do ágio pago na aquisição de investimento implica, por conseguinte, tributação de patrimônio, não de renda.[173]

Aliás, é de se observar duas curiosas situações que corroboram a existência do ágio pago pelo controlador, independente-

173 ÁVILA, Humberto. Notas sobre o novo regime jurídico do ágio. In: MOSQUERA, Roberto Quiroga; LOPES, Alexsandro Broedel (Coord.). *Controvérsias jurídico-contábeis (aproximações e distanciamentos).* São Paulo: Dialética, 2014. v. 5. p. 149-159. p. 151.

mente de a ICPC 09 ordenar que esse valor seja escriturado em conta de patrimônio líquido.

A primeira diz respeito ao sócio não-controlador. Como regra, se o controlador desembolsa montante superior ao valor contábil da participação adquirida, o não-controlador alienante deverá registrar um ganho de capital na mesma proporção, ganho este que deverá ser regularmente oferecido à tributação pelo vendedor. Ora, se de um lado o minoritário apropria uma renda tributável com a venda, de outro o controlador adquirente faz jus ao registro desse custo, seguindo a disciplina do Decreto-lei n. 1.598/1977. Assim, se teria da mesma forma o registro de um ágio fiscal, a despeito de a contabilidade regular a operação de forma diferente.[174]

A outra situação é aquela em que o controlador desembolsa montante inferior ao valor justo dos ativos líquidos da participação adquirida. Isto é, realiza a compra com deságio (ou ganho por compra vantajosa, segundo terminologia atual das normas contábil e fiscal). Conforme a ICPC 09, pelas mesmas razões estudadas anteriormente, esse ganho também deverá ser contabilizado em conta de patrimônio líquido,[175] mas, não por isso

174 "Resultado diverso não seria obtido sob a ótica teleológica. O ágio, na acepção econômica de sobrepreço, pode se verificar tanto na aquisição do controle quanto na aquisição de participação adicional de sócios minoritários, considerando-se, por óbvio, que tais minoritários sejam partes não relacionadas ao controlador. O minoritário que aliena a participação estará sujeito à apuração de ganho e consequente tributação pelo imposto de renda, nada justificando a assimetria de tratamento que impedisse o adquirente de registrar fiscalmente o ágio." HADDAD, Gustavo Lian; PAES, Gustavo Duarte. O ágio por expectativa de rentabilidade futura na Lei 12.973 e o *goodwill* na combinação de negócios: aproximações e distanciamento. In: MOSQUERA, Roberto Quiroga; LOPES, Alexsandro Broedel (Coord.). *Controvérsias jurídico-contábeis (aproximações e distanciamentos)*. São Paulo: Dialética, 2015. v. 6. p. 246-272. p. 270.

175 ICPC 09 (R2), item 70.

deixará de ser tributado pela eventual futura realização do investimento (nos moldes do art. 20, § 6º, do Decreto-lei 1.598/1977), ou em decorrência dos eventos de incorporação, fusão ou cisão (art. 23, da Lei n. 12.973/2014).

Essas duas situações ilustram o "outro lado da moeda", em que a mesma operação – aquisição de participação adicional pelo controlador – poderá ensejar o registro de ganho para o vendedor ou para o próprio adquirente (ganho por compra vantajosa). Se, nesses casos, a renda é tributável, o eventual ágio pago deve ser dedutível, independentemente do seu tratamento contábil.

Aliás, diga-se de passagem, que esse ágio não é de todo ignorado pela ICPC 09. Vale a lembrança de que, embora o ágio não vá constar em subconta do ativo, a ICPC recomenda que a sua contabilização no patrimônio líquido tenha como contrapartida rubrica denominada como "ágio em transações de capital". Isto é, apesar de ser registrado em conta de patrimônio líquido, a contabilidade não deixa de reconhecer que o sobrepreço pago possui efetiva natureza de ágio. Merece nova transcrição de exemplo trazido pela ICPC 09 nesse sentido:

> 69. [...] Admita-se agora que a Cia. A adquira, dos sócios não controladores da Cia. B, mais 10% do capital dessa sua controlada Cia. B por $ 150. Supondo nenhuma mudança no balanço da Cia. B, 10% do patrimônio líquido da Cia. B a valores contábeis e a valores justos correspondem a $ 125, verificando-se o pagamento implícito do ágio de $ 25.
>
> [...]
>
> [...] os $ 125 relativos ao valor justo dos ativos líquidos adquiridos devem ficar, no balanço individual, registrados como acréscimo do investimento na controlada B (no consolidado ele obviamente será eliminado contra

o patrimônio líquido da Cia. B) e os $ 25 ficarão como redução do patrimônio líquido da controladora tanto na demonstração individual como na consolidada. Ficará então o balanço individual da Cia. A assim representado:

Balanço Individual 3 da Cia. A

Ativos diversos		$ 650	Capital	$ 1.500
Investimento na controlada B (90% das ações)(*)			Reservas	$ 800
Valor justo nos ativos líquidos	$ 1.125		Ações em tesouraria (**)	$ (200)
Goodwill	$ 300	$ 1.425	Ágio em transações de capital(***)	$ (25)
		$ 2.075		$ 2.075

[176]

A contabilidade não nega que se trata de um ágio, porém a técnica contábil nesse caso apenas impõe que esse valor seja escriturado no patrimônio líquido, e não como um ativo.

Ou seja, embora o legislador tenha buscado inspiração na norma contábil (CPC 15) ao redigir o atual texto do artigo 20 do Decreto-lei, em uma interpretação histórica desse dispositivo, isso não significa que a regra societária deva prevalecer para fins fiscais, notadamente quando há norma tributária específica e hierarquicamente superior.

2.7 Solução de Consulta Cosit n. 39/2020

O ágio pago pelo sócio controlador foi objeto de análise específica pela RFB no âmbito da Solução de Consulta Cosit n. 39, de 31 de março de 2020, oportunidade em que o fisco adotou posição contrária ao seu aproveitamento para fins tributários[177].

---

176 ICPC 09 (R2), p. 25-26.

177 RECEITA FEDERAL DO BRASIL. Solução de Consulta Cosit n. 39, de 31 de março de 2020, Ementa:

ASSUNTO: IMPOSTO SOBRE A RENDA DE PESSOA JURÍDICA - IRPJ AQUISIÇÃO DE PARTICIPAÇÃO SOCIETÁRIA. ÁGIO POR EXPECTATIVA DE RENTABILIDADE FUTURA (GOODWILL). EXISTÊNCIA. INCORPORAÇÃO. EXCLUSÃO DO GOODWILL NO LALUR. POSSIBILIDADE. NECESSIDADE DE OBSERVÂNCIA DAS NORMAS CONTÁBEIS E DA LEGISLAÇÃO SOCIETÁRIA.

A situação fática examinada na consulta envolveu operação de fechamento do capital de companhia aberta, transação que implicaria aquisição pelo acionista controlador de ações detidas por sócios não-controladores. No caso concreto, sendo os sócios alienantes terceiros independentes, fixou-se como parâmetro que as ações seriam negociadas pelo seu valor de mercado, tendo este valor sido objeto de avaliação por duas instituições financeiras distintas.

Como resultado - e para alcance do objetivo negocial almejado (fechamento do capital) -, o sócio controlador pagou aos não-controladores o respectivo valor de mercado das ações, montante este significativamente superior ao valor contábil do investimento. Ou seja: houve efetiva aquisição de participação societária pelo sócio controlador com pagamento de expressivo ágio.

Também como consequência da transação, o ágio pago foi contabilizado pelo adquirente no patrimônio líquido, em função da observância, para fins contábeis, da ICPC 09, norma que, conforme estudado, qualifica a compra de participação adicional pelo sócio controlador como espécie de "transação de capital".

Diante desse contexto a consulente apresentou questionamento à RFB quanto a possibilidade de dedução fiscal do ágio incorrido, obtendo, em resposta, parecer negativo.

Desde que o goodwill seja existente e registrado em conformidade com as normas contábeis, a aquisição de participação societária decorrente de operação regular de aquisição patrimonial realizada em estrita observância à legislação societária, com substância econômica, real, com ausência de dolo, fraude ou simulação e que proporciona poder de influência significativa ou controle terá o tratamento dispensado pelo art. 20 do Decreto-Lei nº 1.598, de 1977. Nesse caso, havendo a incorporação da entidade que detinha a participação, esse goodwill se beneficia do disposto no art. 22 da Lei nº 12.973, de 2014, mesmo na hipótese de incorporação reversa, nos termos do art. 24 da Lei nº 12.973, de 2014.

Dispositivos legais: Decreto-Lei nº 4.657, de 1942, art. 5º; Decreto-Lei nº 1.598, de 1977, art. 20; Lei nº 6.404, de 1976, arts. 4º, 116, 177, 243 e 248; Lei nº 11.941, de 2009, art. 15; e Lei nº 12.973, de 2014, art. 22 e 24.

Pelo exame dos fundamentos da Solução de Consulta, nota-se que a posição elegida pela fazenda apoiou-se exclusivamente nos normativos expedidos pelo Comitê de Pronunciamentos Contábeis.

A resposta à Consulta alega ser o "ágio" conceito contábil, cuja mensuração é condicionada à metodologia prevista pelo CPC 15, a qual é apenas aplicável a "uma combinação de negócios (aquisição de controle)". Nessa esteira, a fisco complementa que "aquisições posteriores de ações da investida pela controladora não se caracterizam como combinação de negócios e, portanto, não há goodwill nestas operações". A Consulta, então, se vale da ICPC 09 para explicar que "o excesso do valor de aquisição em relação ao valor patrimonial da participação societária que excedem o controle é uma mera "diferença". Não é *goodwill* e nem mais valia"[178].

Em outras palavras, o fisco subordinou a aplicação da legislação tributária à interpretação de normativos contábeis infralegais. Conforme examinado ao longo desta obra, porém, tal abordagem mostra-se questionável.

De início, mostra-se equivocada a constatação de que a ICPC 09 classifica esse "excesso de valor" como mera "diferença". O item 69 da ICPC 09 traz exemplo de aquisição de participação de minoritários pelo controlador, oportunidade em que o ágio é expressamente classificado pela norma contábil como "*goodwill*" ou "ágio em transações de capital". Única diferença é que esse valor não é contabilizado como um ativo intangível, mas registrado no patrimônio líquido.

E, de fato, este "excesso" justifica-se fundamentalmente pela intenção de o sócio controlador acessar a fatia dos lucros futuros

178 RECEITA FEDERAL DO BRASIL. Solução de Consulta Cosit n. 39, de 31 de março de 2020, p. 10-14.

que seria atribuída aos sócios não controladores. Não por outra razão a ICPC 09, ao abordar o tema, qualifica esse preço adicional como "ágio", muito embora contabilizado no patrimônio líquido, e não no grupo de ativos.

Ainda, não se nega o fato de que os documentos emitidos pelo Comitê de Pronunciamentos Contábeis, e que são aprovados pelas respectivas entidades competentes (*e.g.* CFC, CVM, etc.), possuem lastro em competência normativa delegada por lei. Porém, não por isso deixam de ser atos infralegais. Não decorrem de atividade legislativa direta, sendo hierarquicamente inferiores à legislação tributária.

Em contraponto, a Solução de Consulta argumenta que o termo "*goodwill*" é representado na legislação tributária (Decreto-lei 1.598/77, artigo 20) "entre parêntesis", o que significaria que a norma estaria fazendo referência a "conceito estabelecido em outro lugar"[179].

Ora, parêntesis não é sinônimo de remissão. Estudou-se neste Capítulo que a técnica legislativa prescreve que as disposições normativas devem ser redigidas com clareza e precisão, contexto em que se deve "indicar, expressamente o dispositivo objeto de remissão"[180]. Em complemento, "[...] matérias idênticas não serão disciplinadas por mais de um ato normativo da mesma espécie, exceto quando um se destinar, por remissão expressa, a complementar o outro, considerado básico".[181] Não há, contudo, remissão expressa no Decreto-lei n. 1.598/1977 a qualquer normativo contábil relativamente à apuração de ágio.

179 RECEITA FEDERAL DO BRASIL. Solução de Consulta Cosit n. 39, de 31 de março de 2020, p. 15.

180 Lei Complementar n. 95/1998, artigo 11.

181 Decreto n. 9.191/2017, artigo 8º.

Conforme exaustivamente abordado neste trabalho, a controvérsia aqui enfrentada encontra sua origem no fato de o legislador tributário ter trazido no Decreto-lei n. 1.598/1977 metodologia para determinação do ágio inspirada no "método de aquisição" previsto pelo CPC 15. Isto não significa, porém, assumir que a existência do ágio para fins tributários, enquanto representativo de efetivo custo incorrido pelo contribuinte, está condicionada à contabilização desse mesmo ágio como um ativo.

Impede recordar estarmos diante de duas metodologias distintas para registro de investimentos avaliados pelo MEP - uma tributária e outra contábil -, sendo orientadas por escopos distintos: de um lado a disciplina apresentada pelo Decreto-lei n. 1.598/1977, artigo 20, visa disciplinar como o custo de aquisição do investidor será deduzido para fins fiscais; de outro lado a norma contábil dirige-se à divulgação dos eventos caracterizados como "combinações de negócios" e "transações de capital" aos usuários das demonstrações financeiras, objetivo que em nada se confunde com o justo direito à dedução, para fins fiscais, do preço pago pelo sócio controlador na aquisição de participação societária.

Reiterando conclusão apresentada anteriormente: na situação em estudo, em que se tem uma mesma situação regulada de forma distinta pelo Decreto-lei n. 1.598/1977 (norma fiscal) e pela ICPC 09 (norma contábil), entende-se que a legislação fiscal criou um tipo próprio, existindo figura homônima no direito contábil, mas que não se confunde com a metodologia da legislação tributária.

Cabe igualmente relembrar que, segundo exame literal da norma tributária, o contribuinte não teria outra alternativa senão aplicar a regra prevista no artigo 20 do Decreto-lei n. 1.598/1977, na medida em que a norma faz uso do verbo "dever", impondo obrigação a todos os adquirentes de participações avaliadas pelo MEP, independentemente de se estar diante de operação que implique aquisição de controle ("combinação de negócios") ou compra de participação adicional em entidade já controlada ("transação de capital"). Aqui, o ágio a ser deduzido surge como mera consequência da necessária observância da legislação tributária.

Por fim, quesito relevante a ser destacado reside no fato de que a Solução de Consulta n. 39/2020 apresenta posicionamento contrário à opinião do próprio fisco consubstanciada menos de um ano antes por meio da Solução de Consulta Cosit n. 198, de 10 de junho de 2019.

Na Consulta de 2019 a RFB analisou situação em que o sócio controlador alienou parcialmente participação mantida em outra sociedade, sem que a operação acarretasse a perda do controle societário. O preço de venda foi superior ao valor contábil da participação alienada, o que, a princípio, implicaria ganho a ser contabilizado na demonstração do resultado do vendedor. No entanto, pela aplicação da mesma ICPC 09, como a venda não implicou perda do controle, referido ganho foi contabilizado diretamente no patrimônio líquido. Diante da ausência de contabilização do ganho no resultado, o contribuinte consulta a RFB quanto à necessidade de inclusão desse acréscimo patrimonial nas bases de cálculo do IRPJ e da CSLL.

Trata-se, portanto, da mesma situação examinada nesta obra: a Consulta questiona se o ganho apurado na venda de participação pelo sócio controlador é tributável; no presente trabalho examina-se se o ágio pago na aquisição de participação pelo sócio controlador é dedutível.

Eis que em resposta a RFB conclui que o ganho reconhecido no patrimônio líquido seria, sim, tributável, independentemente de não ter transitado pelo resultado e das respectivas normas contábeis aplicáveis[182]. Para resolução da questão posta pelo contribuinte, o fisco lança mão da legislação tributária em vigor, reservando às normas contábeis papel secundário.

A Solução de Consulta Cosit n. 198/2019 confirma a conformidade da consideração do ágio pago pelo sócio controlador como efetivo custo dedutível para fins tributários. Na prática, ao condicionar a aplicação da lei fiscal à normativos contábeis infralegais, a Solução de Consulta Cosit n. 39/2020 - impõe restrição não prevista em lei à dedução fiscal do ágio legitimamente pago nesse tipo de operação.

---

182 RECEITA FEDERAL DO BRASIL. Solução de Consulta Cosit n. 198, de 10 de junho de 2019, Ementa:
ASSUNTO: IMPOSTO SOBRE A RENDA DE PESSOA JURÍDICA - IRPJ GANHO DE CAPITAL NA ALIENAÇÃO DE INVESTIMENTOS. CONTABILIZAÇÃO NO PATRIMÔNIO LÍQUIDO. DETERMINAÇÃO DO LUCRO REAL. ADIÇÃO AO LUCRO LÍQUIDO.
O ganho de capital na alienação de bens do ativo não circulante classificados como investimentos, quando contabilizado no patrimônio líquido, será computado no lucro real mediante adição ao lucro líquido.
Dispositivos Legais: Decreto Lei nº 1.598, de 1977, art. 6º, § 2º, alínea "b", e art. 31, caput; art. 62, II, da Instrução Normativa RFB nº 1.700, de 2017.

Capítulo 3 - Não Qualificação do Ágio pago pelo Sócio Controlador como "Interno"

3.1 O Ágio Interno

Questão sensível em relação ao ágio pago pelo sócio controlador é o risco da sua eventual qualificação como espécie de "ágio interno", sobretudo considerando que, conforme estudado, pela lógica contábil esse ágio não integrará o grupo de ativos do adquirente.

O "ágio interno" é aquele pago em uma transação operada entre partes ligadas, integrantes do mesmo grupo empresarial.

Até 2014, a legislação não previa qualquer restrição ou necessidade de se ter uma transação entre partes independentes para registro e dedução fiscal do ágio. Apenas com a edição da Lei n. 12.973/2014 passamos a contar com norma antielisiva expressa, vedando a apuração de ágio entre partes dependentes.

Contudo, sob a perspectiva da RFB, via de regra, e mesmo antes das restrições impostas pela Lei n. 12.973/2014, já não era possível reconhecer a existência de uma mais-valia / ágio decorrente de transação realizada intragrupo. Isto porque o negócio careceria de substrato econômico e propósito negocial, por supostamente não resultar de um processo imparcial de valoração, num ambiente de livre mercado e de independência entre as partes envolvidas.

Além disso, de acordo com a interpretação das autoridades fiscais, não se estaria diante de uma real aquisição ou transferência de participação societária, por ser ter sido efetivada entre empresas do mesmo grupo econômico. Ou seja, não seria uma verdadeira alienação, razão pela qual não haveria que se falar em "valor de mercado" do investimento adquirido.

Assim, o ágio pago nessas circunstâncias – ou "internamente" – não poderia ser amortizado e computado como custo ou despesa dedutível para fins de apuração do IRPJ e da CSLL, mesmo assumindo que a empresa tenha cumprido com os demais requisitos legais (*e.g.* elaboração de laudo econômico, efetivo pagamento do preço e incorporação envolvendo a empresa adquirente e a adquirida).

O entendimento acima figura dentre os principais temas nas pautas de fiscalização e autuação da Receita Federal, bem como reflete o posicionamento dominante da jurisprudência do CARF, conforme atestam julgados proferidos pela Câmara Superior de Recursos Fiscais:

> [Acórdão n. 9101-003.011, de 8 de agosto de 2017]
>
> ÁGIO INTERNO. AMORTIZAÇÃO. INDEDUTIBILIDADE.
>
> A hipótese de incidência tributária da possibilidade de dedução das despesas de amortização do ágio, prevista no art. 386 do RIR/1999, requer a participação de uma pessoa jurídica investidora originária, que efetivamente tenha acreditado na "mais valia" do investimento e feito sacrifícios patrimoniais para sua aquisição.
>
> Inexistentes tais sacrifícios, notadamente em razão do fato de alienantes e adquirente integrarem o mesmo grupo econômico, evidencia-se a artificialidade da reorganização societária que, carecendo de propósito negocial e substrato econômico, não tem o condão de autorizar o aproveitamento tributário do ágio que pretendeu criar.[183]

---

183 BRASIL. Ministério da Fazenda. Conselho Administrativo de Recursos Fiscais. Câmara Superior de Recursos Fiscais (1ª Turma). Processo n. 11065.002149/2009-31. Recurso Especial do Contribuinte. Acórdão n. 9101-003.011. Relator: Rafael

[Acórdão n. 9101-002.804, de 10 de maio de 2017]

ÁGIO INTERNO. IMPOSSIBILIDADE DE AMORTIZAÇÃO.

Inadmissível a formação de ágio por meio de operações realizadas dentro do grupo econômico.[184]

[Acórdão n. 9101-002.607, de 15 de março de 2017]

ÁGIO INTERNO. APROVEITAMENTO TRIBUTÁRIO PARA FINS DE ELIMINAÇÃO DE GANHO DE CAPITAL. IMPOSSIBILIDADE.

O art. 36 da Lei nº 10.637/2002, enquanto vigente, apenas autorizava o diferimento da tributação de IRPJ e CSLL sobre o ganho de capital auferido por empresa controladora que utilizasse participação societária de uma controlada, reavaliada a valor de mercado, para integralizar aumento de capital social em uma segunda controlada. O dispositivo legal nunca permitiu a criação do denominado "ágio interno".

O ágio criado artificialmente a partir de operações celebradas exclusivamente entre empresas pertencentes ao mesmo grupo econômico e sem a efetiva circulação de riquezas que justifique a contabilização de sobrepreço não se presta a produzir efeitos tributários.

Assim, não se presta o "ágio interno" a aumentar o valor patrimonial de um bem ou a reduzir/eliminar o ganho de capital auferido com a sua alienação.[185]

Vidal de Araújo. Recorrente: Caimi & Liaison Indústria e Comércio de Couro e Sintéticos Ltda. Recorrida: Fazenda Nacional. Brasília, DF, 8 de agosto de 2017. Brasília, DF: CARF, 2017.

184 BRASIL. Ministério da Fazenda. Conselho Administrativo de Recursos Fiscais. Câmara Superior de Recursos Fiscais (1ª Turma). Processo n. 10920.004063/2010-97. Recurso Especial do Contribuinte. Acórdão n. 9101-002.804. Relator: Cristiane Silva Costa. Recorrente: Tuper S/A. Recorrida: Fazenda Nacional. Brasília, DF, 10 de maio de 2017. Brasília, DF: CARF, 2017.

185 BRASIL. Ministério da Fazenda. Conselho Administrativo de Recursos Fiscais. Câmara Superior de Recursos Fiscais (1ª Turma). Processo n. 10120.007045/201082.

Do ponto de vista contábil, como regra tem-se que intangíveis, como uma carteira de clientes estabelecida por uma empresa, não pode ser por ela reconhecido como um ativo. O Pronunciamento Contábil n. 04, Ativo Intangível (CPC 04), dispõe que "marcas, títulos de publicações, listas de clientes e outros itens similares, gerados internamente, não devem ser reconhecidos como ativos intangíveis."[186]

Os princípios contábeis restringem a reavaliação interna de ativos como medida preventiva, para impedir que as empresas inflem artificialmente seus patrimônios. Por estes mesmos fundamentos o CPC 04 também veda o registro do ágio pago dentro do mesmo grupo econômico.[187]

A linha argumentativa adotada pelas autoridades fiscais, afastando a legitimidade do ágio interno, deriva de uma interpretação da teoria contábil aplicada ao ordenamento tributário, sendo usualmente sustentada pelos seguintes fundamentos:

i) A base de cálculo do IRPJ é fruto da apuração do lucro líquido do período ajustado pelas adições, exclusões ou compensações prescritas ou autorizadas pela legislação tributária. A sua determinação, portanto, é precedida da apuração do resultado contábil da companhia (soma de todas as receitas, custos e despesas), que por sua vez é estipulado em observância à legislação comercial (Decreto n. 9.580/2018, art. 258, *caput*, § 1º);

Recurso Especial do Contribuinte. Acórdão n. 9101-002.607. Relator: Rafael Vidal de Araújo. Recorrente: Mineradora Santo Expedito Ltda. Interessado: Fazenda Nacional. Brasília, DF, 15 de março de 2017. Brasília, DF: CARF, 2017.

186 CPC 04 (R1), item 63.

187 CPC 04 (R1), itens 48 e seguintes.

ii) A legislação societária impõe que os resultados das empresas devem ser apurados em conformidade com os "princípios de contabilidade geralmente aceitos" (Lei das S.A., art. 177);

iii) Neste sentido, a própria Teoria Contábil impediria o reconhecimento e, por conseguinte, amortização da mais-valia gerada entre partes relacionadas. Os seguintes diplomas seriam expressão desse posicionamento:

- Resolução CFC n. 750, de 29 de dezembro de 1993 – Princípio Contábil do Registro pelo Valor Original: "a avaliação dos componentes patrimoniais deve ser feita com base nos valores de entrada, considerando-se como tais os resultantes do consenso com os agentes externos ou da imposição destes (art. 7º, parágrafo único, inc. I);"

- Ofício-Circular n. 01, de 14 de fevereiro de 2007, da CVM, SNC e SEP: "A CVM tem observado que determinadas operações de reestruturação societária [...] resultam na geração artificial de 'ágio'". Assim, "[...] não há, do ponto de vista econômico, geração de riqueza decorrente de transação consigo mesmo [...]" (item 20.1.7);

- CPC 04: "O ágio derivado da expectativa de rentabilidade futura (*goodwill*) gerado internamente não deve ser reconhecido como ativo." (itens 48 e seguintes).

A partir também deste racional, as autoridades fiscais sustentam a glosa das despesas de amortização do ágio registrado em transações com partes relacionadas/dependentes, enquanto supostamente carentes de substância econômica, ainda que, do ponto de vista formal, os atos contratuais e societários associados à operação tenham atendido à legislação aplicável.

Sobre o tema, vale menção ao artigo de Eliseu Martins e Jorge Vieira da Costa Junior, intitulado *A Incorporação Reversa do Ágio Gerado Internamente: Consequências da Elisão Fiscal Sobre a Contabilidade* (2004). Esse trabalho versa sobre a distinção entre o ágio fiscal e o ágio contábil, esclarecendo como é possível a amortização do primeiro mesmo quando originado em operações intragrupo:

> O surgimento do ágio em operações de combinação de negócios, realizadas dentro de um mesmo grupo societário, não tem sentido econômico. A Contabilidade, sabiamente, expurga essa informação ao considerar o grupo societário uma entidade única, quando reporta suas demonstrações consolidadas. O correto, contabilmente, é fazer o mesmo nas demonstrações individuais também.
>
> Entretanto, o respaldo em legislação tributária para o fenômeno – ágio gerado internamente – dá sentido econômico à operação. Há de fato riqueza sendo gerada pelo grupo societário nesses arranjos só que, no caso, está sendo transferida do Estado para o grupo via renúncia fiscal. É bem verdade que referido respaldo legal concorrem ainda que indiretamente, para o retrocesso do estágio avançado de desenvolvimento em que se encontra a Contabilidade Brasileira.
>
> A bem da verdade, pavimenta um caminho tortuoso: o fomento à indústria do ágio.
>
> Finalizando, a expectativa que se tem é a de que órgãos reguladores de governo e entidades representativas da profissão contábil e de auditoria atentem para a questão, e que eventualmente revejam posicionamentos adotados e/ou manifestem-se prontamente na disciplina da matéria, de tal sorte que a contabilidade, na sua finalida-

> de mais nobre, que é a de servir como um sistema de informações relevantes e úteis para julgamento e para a tomada de decisão, não seja prejudicada.[188]

Note-se que os autores reconhecem o ágio gerado internamente para fins tributários, destacando apenas uma reflexão para mudança das normas contábeis, o que provocou a edição Ofício-Circular CVM/SNC/SEP n. 01/2007, como meio de desmotivar tal prática entre companhias abertas. Nesse sentido, qualquer interpretação de cunho não-tributário, inclusive oriunda de normas da CVM, não poderia ter relevância para fins fiscais, conforme entendimento expedido pelo próprio CARF:

> [Acórdão n. 1101-00.354, 2 de setembro de 2010]
> RECURSO VOLUNTÁRIO
> IRPJ - APURAÇÃO DO LUCRO REAL - AJUSTES AO LUCRO LÍQUIDO CONTÁBIL - O lucro contábil não se confunde com o lucro real, base de cálculo do IRPJ, portanto, a necessidade de atendimento às normas impostas pela Comissão de Valores Mobiliários - CVM, para atendimento das normas contábeis não tem o condão de modificar os ajustes necessários para apurar o lucro real.[189]

Fato é que, até 2014, não havia nas normas que regulam a dedução do custo de aquisição de investimentos avaliados

188 MARTINS, Eliseu; COSTA JÚNIOR, Jorge Vieira da. A incorporação reversa com ágio gerado internamente: consequências da elisão fiscal sobre a contabilidade. In: CONGRESSO USP INICIAÇÃO CIENTÍFICA EM CONTABILIDADE, 4., 2004, São Paulo. *Anais*... São Paulo: EAC/FEA/USP, 2004. Não paginado.

189 BRASIL. Ministério da Fazenda. Conselho Administrativo de Recursos Fiscais. Primeira Seção de Julgamento (1ª Câmara/1ª Turma Ordinária). Processo n. 11080.011379/2006-51. Recurso n. 166.621 de ofício e voluntário. Acórdão n. 1101-00.354. Relator: José Ricardo da Silva. Recorrentes: 5ª Turma - DRJ - Porto Alegre e Vivo S/A. Brasília, DF, 2 de setembro de 2010. Brasília, DF: CARF, 2011. p. 1.

pelo MEP qualquer restrição ao aproveitamento da mais-valia/ágio reconhecidos em operações entre partes relacionadas. O que se observa na prática é uma interpretação das autoridades fiscais pautada em diplomas contábeis e numa suposta análise de "substância sobre forma", para justificar a inadmissibilidade do ágio interno.

Porém se consolidou o entendimento pela Receita Federal de que o ágio só existe se incorrido entre partes independentes, com efetivo pagamento de preço e avaliação de mercado. O registro do "ágio interno" seria um abuso de direto e/ou fraude por carecer de substância ou econômico na medida em não resultaria de uma venda efetiva e a participação societária "vendida" continuaria sendo detida pelo mesmo grupo econômico.

Neste contexto, fatos complementares também são usados para suportar o caráter simulado do negócio, tais como a ausência de desembolso de recursos para liquidação da aquisição, a utilização de entidades inativas ou de curta duração ("sociedade-veículo"), ou a inexistência de estudo que comprove o valor de mercado da participação adquirida. Merece nota que, embora atualmente a jurisprudência administrativa seja predominantemente desfavorável, na esfera judicial o tema ainda não foi apreciado pelos tribunais superiores.

Na prática, é preciso se ter em conta que, pela lógica contábil o ágio só existe "[...] quando estiverem envolvidas partes independentes não relacionadas, ou seja, quando o ágio for resultado de um processo de barganha negocial não viciado, que concorra para a formação de um preço justo dos ativos líquidos em apreço."[190] A partir desse racional, a Receita Federal vem regular-

190 MARTINS, Eliseu; COSTA JÚNIOR, Jorge Vieira da. Operações de combinação de negócios: a incorporação reversa com ágio gerado internamente (1ª Parte). *IOB Temática Contábil e Balanços*, São Paulo, v. 38, n. 27, p. 1-8.

mente questionando contribuintes que adquirem participações de partes relacionadas.

Essa questão se torna sensível em relação ao ágio pago pelo sócio na aquisição de participação adicional em entidade controlada. Isto porque, conforme estudado, pela lógica contábil esse ágio não integrará o seu grupo de ativos. Impede examinar se, novamente pautada pela contabilidade – neste caso, pela ICPC 09 –, poderiam as autoridades fiscais qualificar o ágio incorrido pelo controlador como interno.

3.2 Jurisprudência administrativa e não qualificação do ágio pago pelo sócio controlador como "interno"

Em junho de 2018 o CARF julgou interessante caso a favor do contribuinte e que tratou justamente da não qualificação do ágio pelo sócio controlador como interno. A decisão encontra-se formalizada pelo Acórdão n. 1201-002.247, de 12 de junho.[191]

O caso tratou sobre a aquisição de ações da empresa Hedging-Griffo Investimentos S.A. II pelo Banco de Investimentos Credit Suisse (Brasil) S/A, ocorrida entre dezembro de 2006 e novembro de 2007. À época da transação, o Credit Suisse já figurava como acionista controlador da Hedging-Griffo e, segundo a fiscalização, esse fato – controle sobre a investida –

191 BRASIL. Ministério da Fazenda. Conselho Administrativo de Recursos Fiscais. Primeira Seção de Julgamento (2ª Câmara/1ª Turma Ordinária). Processo n. 16327.720016/2016-65. Recurso n. de ofício e voluntário. Acórdão n. 1201.002.247. Relator: Luis Fabiano Alves Penteado. Recorrente: Banco de Investimentos Credit Suisse (Brasil) S/A. Recorrida: Fazenda Nacional. Brasília, DF, 12 de junho de 2018. Brasília, DF: CARF, 2018.

qualificaria a operação como uma transação realizada entre "partes dependentes" e o ágio dela decorrente como "interno".

Como visto, segundo a RFB e atual jurisprudência do CARF não é possível a amortização fiscal do "ágio interno", pois, por ter sido pago em uma transação entre partes relacionadas, presumivelmente não resulta de um processo imparcial de valoração, num ambiente de livre mercado. Para o fiscal autuante, o ágio pago pelo Credit Suisse seria "interno", uma vez que o comprador já exercia o controle da Hedging-Griffo, possuindo relevante influência sobre a entidade e demais acionistas minoritários.

O caso foi inicialmente julgado pela Delegada da Receita Federal de Julgamento em Ribeirão Preto e já na primeira instância a acusação de ágio interno foi afastada. Após recurso de ofício interposto pela Procuradoria da Fazenda Nacional, o CARF reiterou esse entendimento, reconhecendo a validade do ágio oriundo de operação entre o acionista controlador e os sócios minoritários, vide transcrição de excertos do Acórdão:

> [Acórdão n. 1201.002.247, de 12 de junho de 2018]
>
> ÁGIO INTERNO. AUSÊNCIA DE PARTES RELACIONADAS. INOCORRÊNCIA.
>
> O ágio interno pressupõe uma operação que envolva partes que pertençam ao mesmo grupo econômico o que exclui do seu campo de abrangência a operação que envolve partes independentes com interesses diametralmente inversos.
>
> [Voto]
>
> [...] O ágio interno pressupõe uma operação que envolva partes que pertençam ao mesmo grupo econômico, o que não é o caso.
>
> De um lado estava o CS que possuía o controle majoritário mas não integral do grupo HG. De outro lado, estava

> o grupo que ainda detinha o restante das ações do grupo HG não detidas pelo CS.
>
> Não há nos autos qualquer indicação de que os acionistas fundadores à época minoritários do HG possuíam também ações do CS ou qualquer outro tipo de relação societária entre as partes envolvidas na geração do segundo ágio.
>
> As partes envolvidas na operação tinham interesses diametralmente inversos, pois, é acertado dizer que quanto maior fosse o preço das ações, melhor seria para os acionistas minoritários do grupo HG e vice-versa.
>
> Se não existem partes relacionadas ou integrantes do mesmo grupo econômico, não há que se falar em ágio interno.

No mesmo sentido, vale ainda menção ao Acórdão n. 1302-001.404, de 3 de junho de 2014, também proferido pelo CARF e que afastou a suposta relação de dependência entre as partes, por entender que o fato de duas empresas figurarem como sócias em um mesmo investimento não significa a existência de controle comum entre elas:

> [Acórdão n. 1302-001.404, de 3 de junho de 2014]
>
> ÁGIO. AMORTIZAÇÃO. INCORPORAÇÃO REVERSA. DEDUTIBILIDADE.
>
> Após a incorporação da investidora pela investida (incorporação reversa), é dedutível a amortização de ágio decorrente da anterior aquisição de participação societária em negócio firmado entre partes independentes, em condições de mercado, baseado em expectativa de rentabilidade futura da investida e efetivamente pago à alienante do investimento. A incorporação da investidora pela investida (incorporação reversa) é operação prevista em lei, bem assim seus efeitos tributários.

> [Voto]
> O primeiro argumento ali invocado, de que o ágio cuja amortização é aqui discutida teria sido gerado internamente a um grupo econômico não subsiste. De fato, tenho por incontroverso que a participação correspondente a 49% das quotas da NG Industrial (posteriormente Nokia do Brasil Tecnologia) foi adquirida por Nokia Holding do Brasil e alienada por Gradiente Telecom S.A. Adquirente e alienante pertencem, pois, a grupos empresariais distintos, respectivamente Nokia e Gradiente, e não encontro nos autos qualquer evidência de que em algum momento tenham compartilhado suas administrações ou controle societário. Tão somente, havia, em momento anterior, a sociedade na empresa então denominada NG Industrial, na qual o grupo Nokia detinha 51% e o grupo Gradiente 49%. A decisão de uma das partes de alienar à outra sua participação societária não pode levar à conclusão de que a operação teria ocorrido dentro de um mesmo grupo econômico. Acrescente-se que, embora de forma tangencial, o acórdão recorrido já havia afastado esse fundamento [...].[192]

Com base nessa jurisprudência, é possível concluir que:

i) A existência de controle majoritário, acompanhado da participação de terceiros e presença de acionistas minoritários independentes, afasta a caracterização de ágio interno, tendo em vista que o fato de as partes

---

192 BRASIL. Ministério da Fazenda. Conselho Administrativo de Recursos Fiscais. Primeira Seção de Julgamento (3ª Câmara/2ª Turma Ordinária). Processo n. 10283.005440/200762. Recurso n. voluntário. Acórdão n. 1302-001.404. Relator: Waldir Veiga Rocha. Recorrente: Nokia do Brasil Tecnologia Ltda. Recorrida: Fazenda Nacional. Brasília, DF, 3 de junho de 2014. Brasília, DF: CARF, 2014a. p. 1 e 10. grifo nosso.

participarem conjuntamente de um investimento não as torna dependentes entre si; e

ii) O ágio pago pelo acionista controlador é, sim, passível de ser amortizado para fins fiscais.

Essas exatas conclusões se aplicam à situação em exame, em que o controlador adquire participação em entidade já controlada. Partindo da premissa de que o alienante não-controlador não é parte vinculada ao adquirente controlador, mas integrante de grupo empresarial distinto e independente, não há que se cogitar qualificar o eventual ágio pago como "interno".

Como registrado por Sergio Bento ao analisar a especifica situação de compra de participação pelo sócio controlador, para fins tributários "[...] não há como considerar tal transação como partes relacionadas e tampouco não tributá-la como se faz ao ganho com transações de ações em tesouraria [...]".[193]

Aqui, uma breve analogia merece ser feita em relação à disciplina do registro do ágio pago na aquisição de participação societária em estágios. O art. 37 da Lei n. 12.973/2014 regula o desdobramento do custo do investimento nos casos em que há aquisição do controle de entidade na qual já se detinha participação societária anterior. Tal como na situação examinada nesta obra - compra de participação adicional pelo sócio controlador -, o art. 37 volta-se à hipótese em que o sócio não-controlador adquire participação adicional na investida, em transação operada com os demais sócios.

---

193 BENTO, Sergio. Tratamento tributário do ágio. In: VIEIRA, Marcelo Lima; CARMIGNANI, Zabetta Macarini; BIZARRO, André Renato (Coord.). Lei 12.973/14: novo marco tributário: padrões internacionais de contabilidade. São Paulo: Quartier Latin, 2015. p. 123-156. p. 147.

Os §§ 2º e 3º do art. 37 estabelecem uma série de requisitos para registro da mais ou menos-valia e do ágio por rentabilidade futura (*goodwill*) atrelados a esse tipo de operação, autorizando a sua futura amortização para fins fiscais. Essa disciplina ilustra expresso consentimento da legislação tributária sobre a possibilidade de se adquirir participação detida pelos demais sócios, sem que a transação seja automaticamente qualificada como "interna".

Vale, por fim, menção a caso decidido pela CVM, para reconhecimento da existência do ágio pago em transação com minoritários, mesmo à luz do CPC 15:

> Relatório
>
> 1. Trata-se de recurso interposto pela Mahle Metal Leve S.A. ("Recorrente") contra entendimento exarado pela área técnica quanto ao tratamento contábil do ágio decorrente de reorganização societária envolvendo sociedades sob controle comum do "Grupo Mahle" [...].
>
> 3. Defende a Recorrente que, tendo sido a reorganização negociada com os acionistas minoritários e submetida à aprovação destes, abstendo-se o acionista controlador de votar, o ágio gerado na aquisição da Mahle Par poderia ser caracterizado como resultante de uma transação realizada entre partes independentes. Tal ágio seria passível, portanto, de registro, mensuração e evidenciação pela contabilidade da Recorrente [...].
>
> Voto [...]
>
> 5. Um outro ponto que me parece necessário explorar está relacionado à caracterização de "parte relacionada" no presente caso. Entendo que, pela definição do Pronunciamento Técnico CPC 05, a partir do momento em que a deliberação foi tomada pelos minoritários, que, aliás, mais do que apenas legitimar a operação, teriam participado do processo negocial, não se pode dizer que

> se trata de uma negociação entre partes relacionadas. Os minoritários são, nesse sentido, terceiros em relação ao grupo societário em si e deliberariam em prol de um interesse econômico próprio. Interesse que, como se viu no item anterior, efetivamente existe na Recorrente.[194]

No caso em estudo, considerando ser o sócio controlador parte não vinculada ao não-controlador, a operação ter sido efetivamente quitada pelo comprador, e os demais requisitos exigidos pelo Decreto-lei n. 1.598/1977 terem sido atendidos (*e.g.* protocolo de laudo de avaliação, etc.), o eventual sobrepreço pago deve ser, nos termos do artigo 20, do Decreto-lei n. 1.598/1977, registrado ágio passível de ser fiscalmente deduzido.

3.3 Inaplicabilidade da norma antielisiva: artigo 25 da Lei n. 12.973/2014

A impossibilidade de amortizar o ágio pago entre partes relacionadas foi apenas imposta a partir da publicação da Medida Provisória n. 627/2013, posteriormente convertida na Lei n. 12.973/2014. Ao dispor sobre a amortização do *goodwill* e da mais-valia de ativos nos eventos de incorporação, fusão ou cisão, a lei impôs como condição que a aquisição de participação societária tenha sido operada entre partes não dependentes:

> Art. 20. Nos casos de incorporação, fusão ou cisão, o saldo existente na contabilidade, na data da aquisição da participação societária, referente à mais-valia de que tra-

---

194 BRASIL. Ministério da Fazenda. Comissão de Valores Mobiliários. Processo Administrativo n. RJ 2010/16665 (Reg. Col. nº 7534/2010). Recorrente: Mahle Metal Leve SA. Diretor Relator: Otavio Yazbek. Brasília, DF, de 22 de março de 2011.

> ta o inciso II do caput do art. 20 do Decreto-Lei no 1.598, de 26 de dezembro de 1977, decorrente da aquisição de participação societária entre **partes não dependentes**, poderá ser considerado como integrante do custo do bem ou direito que lhe deu causa, para efeito de determinação de ganho ou perda de capital e do cômputo da depreciação, amortização ou exaustão. [...]
>
> Art. 22. A pessoa jurídica que absorver patrimônio de outra, em virtude de incorporação, fusão ou cisão, na qual detinha participação societária adquirida com ágio por rentabilidade futura (*goodwill*) decorrente da aquisição de participação societária entre **partes não dependentes**, apurado segundo o disposto no inciso III do caput do art. 20 do Decreto-Lei no 1.598, de 26 de dezembro de 1977, poderá excluir para fins de apuração do lucro real dos períodos de apuração subsequentes o saldo do referido ágio existente na contabilidade na data da aquisição da participação societária, à razão de 1/60 (um sessenta avos), no máximo, para cada mês do período de apuração.

Verifica-se que a lei inovou ao incluir o termo "partes não dependentes" no ordenamento tributário, o qual não constava em qualquer norma legal. Portanto, se o "ágio interno" fosse antes proibido pela legislação, não seria preciso veicular nova norma reiterando a anterior.

Adicionalmente, o artigo 25 da Lei n. 12.973/2014 expressamente elencou as hipóteses em que o ágio pago é considerado como "interno", isto é, decorrente de uma operação entre partes dependentes:

> Art. 25. Para fins do disposto nos arts. 20 e 22, consideram-se partes dependentes quando:
>
> I - o adquirente e o alienante são controlados, direta ou indiretamente, pela mesma parte ou partes;

> II - existir relação de controle entre o adquirente e o alienante;
>
> III - o alienante for sócio, titular, conselheiro ou administrador da pessoa jurídica adquirente;
>
> IV - o alienante for parente ou afim até o terceiro grau, cônjuge ou companheiro das pessoas relacionadas no inciso III; ou
>
> V - em decorrência de outras relações não descritas nos incisos I a IV, em que fique comprovada a dependência societária.

Como é possível verificar, a legislação, ao definir o conceito de "partes dependentes", não traz a hipótese de uma sócia (controladora ou não) adquirir a participação societária da outra. É uma norma taxativa (*numerus clausus*) que elenca as situações em que deve ser aplicada a norma antielisiva. Na verdade, nenhuma das hipóteses listadas na lei se aplicam à operação em que o controlador adquire participação adicional em controlada. Por mais esta razão o ágio pago não deve ser entendido como "interno".

É relevante abrir parêntese para comentar que a constitucionalidade do artigo 25 é questionável. Para os fins propostos nesta obra, é suficiente esclarecer que a Lei n. 12.973/2014 estabeleceu um rol taxativo de hipóteses para qualificação do ágio como "interno", e que o ágio pago pelo sócio controlador aos não controladores independentes não está abrangido por esse rol. No entanto, em linha com a doutrina de Humberto Ávila, a lei jamais poderia ter estabelecido como presunção que o ágio pago entre partes ligadas seria sempre reflexo de uma operação sem substrato econômico:

> [...] a Medida Provisória nº 627/2013 é inconstitucional, na parte em que vedou o aproveitamento do ágio

> no caso de operações societárias praticadas entre empresas relacionadas e envolvendo ações ou quotas entregues em contraprestação da participação societária adquirida. Tal inconstitucionalidade decorre, de um lado, do fato de a referida medida proibir a prática de atos ou negócios jurídicos inseridos no âmbito de proteção dos princípios constitucionais de liberdade; de outro, da circunstância de a mesma medida presumir, em caráter absoluto, a existência de vício nas reorganizações do mesmo grupo e troca de ações ou quotas, sem que as partes possam comprovar a existência de fundamentos jurídicos e econômicos que possam justificar estas particularidades.[195]

Elidie Palma Bifano igualmente critica a premissa estabelecida pelo legislador tributário, refletindo nova intromissão das práticas contábeis em seara que não compete à legislação societária:

> O que se observa é que a nova legislação pretende impedir a amortização de ágio oriundo de aquisição de participação de sociedade vinculada independentemente de o pagamento do preço estar ou não sustentado em razões econômicas e jurídicas reais. Novamente se evidencia a intromissão de práticas contábeis, para fins fiscais, em detrimento da aplicação dos princípios jurídicos que orientam os negócios, especialmente da indevida discriminação de negócios jurídicos em função de seus partícipes. O melhor seria seguir privilegiando a lisura e transparência dos negócios, ao invés de presumir ope-

---

195 ÁVILA, Humberto. Notas sobre o novo regime jurídico do ágio. In: MOSQUERA, Roberto Quiroga; LOPES, Alexsandro Broedel (Coord.). *Controvérsias jurídico-contábeis (aproximações e distanciamentos).* São Paulo: Dialética, 2014. v. 5. p. 149-159. p. 156.

> rações em desacordo com a lei apenas porque as partes são relacionadas de alguma forma.[196]

Independentemente das merecidas críticas à Lei n. 12.973/2014, não há dúvida de que o ágio pago pelo sócio controlador, ao comprar participação adicional em entidade já controlada, não se encontra nos *numerus clausus* do artigo 25, de modo que, mesmo pela aplicação da atual norma antielisiva, eventual ágio pago jamais poderia ser caracterizado como interno.[197] Relevante a transcrição de registro de Sergio Bento a esse respeito:

> Ocorre que, necessariamente se for uma Sociedade por Ações, ou negocialmente para outros tipos de Sociedades, há (pode haver) aquisição da participação de minoritários remanescentes.
>
> Nessa transação há forte descasamento de focos entre a parte tributária que não considera uma apuração da renda consolidada por grupo de empresas sob o mesmo comando e a contabilidade que dirige a racional de seus princípios com focos na entidade virtual Consolidada [...].

---

196 BIFANO, Elidie Palma. Influência do tratamento contábil nas novas regras de tributação. In: MOSQUERA, Roberto Quiroga; LOPES, Alexsandro Broedel (Coord.). *Controvérsias jurídico-contábeis (aproximações e distanciamentos).* São Paulo: Dialética, 2014. v. 5. p. 77-100. p. 95-96.

197 "Resultado diverso não seria obtido sob a ótica teleológica. O ágio, na acepção econômica de sobrepreço, pode se verificar tanto na aquisição do controle quanto na aquisição de participação adicional de sócios minoritários, considerando-se, por óbvio, que tais minoritários sejam partes não relacionadas ao controlador. O minoritário que aliena a participação estará sujeito à apuração de ganho e consequente tributação pelo imposto de renda, nada justificando a assimetria de tratamento que impedisse o adquirente de registrar fiscalmente o ágio." HADDAD, Gustavo Lian; PAES, Gustavo Duarte. O ágio por expectativa de rentabilidade futura na Lei 12.973 e o goodwill na combinação de negócios: aproximações e distanciamento. In: MOSQUERA, Roberto Quiroga; LOPES, Alexsandro Broedel (Coord.). *Controvérsias jurídico-contábeis (aproximações e distanciamentos).* São Paulo: Dialética, 2015. v. 6. p. 246-272. p. 270.

> Para fins tributários [...] não há como considerar tal transação como partes relacionadas e tampouco não tributá-la como se faz ao ganho com transações de ações em tesouraria.
>
> A legislação tributário, por sua vez, não fez distinção da aplicação dos requerimentos de dedutibilidade para esse tipo de transação, exceto se se enquadrar como partes dependentes nos termos do art. 25 da Lei nº 12.973/14.[198]

Como conclusão, tem-se que, mesmo pela objetiva aplicação da norma antielisiva trazida pela Lei n. 12.973/2014, ainda assim o sobrepreço incorrido pelo sócio controlador corresponde a efetivo custo de aquisição do investimento, passível de ser deduzido para fins fiscais. Não se trata de ágio gerado internamente, mas de preço entregue à terceiros, em que se adquire a expectativa dividendos e valorização da participação que outrora serviria a outros grupos empresariais.

---

198 BENTO, Sergio. Tratamento tributário do ágio. In: VIEIRA, Marcelo Lima; CARMIGNANI, Zabetta Macarini; BIZARRO, André Renato (Coord.). Lei 12.973/14: novo marco tributário: padrões internacionais de contabilidade. São Paulo: Quartier Latin, 2015. p. 123-156. p. 146 e 147.

Capítulo 4 - Compatibilização das Regras Fiscal e Societária

4.1 Controle em Subcontas

Concluiu-se ser possível o registro e amortização do ágio pago pelo sócio controlador para fins fiscais. Porém, qual seriam os mecanismos para o seu registro e controle, já que, na contabilidade, esse ágio não constará no balanço patrimonial do adquirente como um ativo?

Em breve recapitulação da disciplina prevista pela legislação tributária, o custo de aquisição do investimento avaliado pelo MEP deverá ser desdobrado conforme a metodologia prevista pelo artigo 20 do Decreto-lei n. 1.598/1977, mediante a aplicação dos seguintes critérios:

i) Escrituração do valor contábil da participação pela aplicação do MEP (art. 20, inc. I);

ii) Reconhecimento do valor justo dos ativos líquidos na data da compra, oportunidade em que deverá ser estimado o valor justo dos ativos identificáveis e dos passivos relacionados ao negócio adquirido. A diferença entre o valor contábil do investimento (item anterior) e o valor justo será escriturada pelo comprador como uma mais ou menos-valia (art. 20, inc. II); e

iii) Registro de ágio (*goodwill*) no caso de o custo de aquisição ser superior ao valor justo dos ativos líquidos mensurados no item anterior, quando a diferença entre ambos será contabilizada como ágio pago em decorrência da expectativa de rentabilidade futura do negócio (art. 20, inc. III); ou

iv) Computo do ganho por compra vantajosa no caso de o custo de aquisição ser inferior ao valor justo dos ativos líquidos, quando a diferença representará um ganho para o adquirente, reconhecido em conta de resultado na data da compra (ganho por compra vantajosa) (art. 20, § 6º).

O Decreto-lei n. 1.598/1977 determina que os itens i a iii acima (investimento, mais-valia e ágio) sejam registrados em subcontas distintas (art. 20, § 1º). A criação dessas subcontas pressupõe a realização de um ajuste de natureza contábil. Esse termo é sempre empregado pelo Decreto-lei e pela Instrução Normativa RFB n. 1.700/2017 como um ajuste a ser realizado na escrituração societária dos contribuintes.

Ou seja, a legislação tributária exige que esses saldos sejam controlados diretamente nos livros contábeis do adquirente como condição para posterior dedução desses valores na apuração do IRPJ e da CSLL. Ocorre que essa exigência da norma fiscal entra em conflito direto com os critérios contábeis aplicáveis, que demandam a contabilização do ágio pago pelo controlador em conta de patrimônio líquido.

Considerando as particularidades do caso em estudo, vislumbramos que a forma mais adequada de atender à exigência fiscal e, ao mesmo tempo, respeitar o método de contabilização definido pela ICPC 09, é proceder à escrituração contábil das subcontas exigidas pelo Decreto-lei n. 1.598/1977 tendo como contrapartida a criação de subcontas auxiliares, para que se preserve a integridade do patrimônio da companhia.

A criação de subcontas auxiliares impede a contabilização em duplicidade desses valores, em conformidade com a disciplina de "partidas dobradas" inerente às ciências contábeis.

Como exemplo, consideremos que o sócio tenha pago ágio por rentabilidade futura no valor de R$ 100 milhões na aquisição de participação adicional em entidade já controlada. Em linha com a ICPC 09, o adquirente deverá registrar um lançamento a débito desse valor em conta de patrimônio líquido, tendo como contrapartida um lançamento credor na conta de "Caixa e Equivalentes", assumindo que a aquisição tenha sido paga à vista e em dinheiro. Até aqui, conforme estudado, não haveria ágio a ser registrado pela contabilidade.

Em paralelo, o que se sugere é que, em obediência ao art. 20, § 1º do Decreto-lei n. 1.598/1977, esse mesmo sócio controlador adquirente proceda à contabilização do ágio em subconta do ativo (lançamento devedor), tendo como contrapartida um lançamento credor em "subconta-auxiliar" vinculada à "subconta ágio", ambas no grupo de investimentos no ativo:

i) Subconta Ágio Investida: R$ 100.000.000,00 (D);

ii) Subconta-auxiliar Ágio Investida: (R$ 100.000.000,00) (C)

Pela criação das subcontas "Ágio" e "Auxiliar", tal como sugerido acima, se estará atendendo à obrigação legal de criação das subcontas sem que se altere indevidamente o patrimônio do controlador adquirente. Trata-se de prática medida para compatibilização das regras fiscal e contábil[199].

199 A constitucionalidade da exigência de criação de subcontas pela legislação tributária é questionada por parte da doutrina. No presente trabalho, porém, este quesito não será enfrentando. A nossa abordagem será orientada por uma interpretação conforme o teor do Decreto-lei n. 1.598/1977, indicando a criação

Na verdade, impedir o registro do ágio pago pelo sócio controlador em subconta representaria flagrante ofensa ao princípio da isonomia. A Constituição Federal impõe ao Estado a vedação de tratamento discriminatório (artigo 150, II), promovendo políticas de tratamento igualitário entre os sujeitos de direito submetidos às mesmas condições, ao passo em que são conferidas certas vantagens àqueles em situação menos favorecida.

O aplicador da lei deve captar o fim que se buscou alcançar em determinada norma, avaliando a situação jurídica implícita ou explicitamente descrita em seu antecedente, para então identificar de que forma a igualdade se concretiza a fim de evitar o desequilíbrio entre os seus destinatários.

No caso concreto, não há qualquer diferença entre (i) o ágio pago pelo sócio controlador do (ii) ágio pago por um terceiro na aquisição de participação inicial na investida, ou ainda (iii) do ágio pago pelo sócio não controlador no movimento de aquisição do controle (*e.g.* aquisição de participação em estágios - art. 37 da Lei n. 12.973/2014).

O art. 20 do Decreto-lei não faz qualquer distinção entre as situações (i), (ii) e (iii) acima. Desse modo, interpretação que impeça o registro em subconta e amortização do ágio pago pelo sócio controlador não pode prevalecer, porque impingiria ao contribuinte tratamento mais oneroso comparativamente a outros em situação similar.

Não se pode perder de vista que a escrituração da subconta encontra largo amparo nos fundamentos apresentados ao longo desta obra, que corroboram o registro e posterior amortização do ágio incorrido pelo sócio controlador, a saber:

---

de subconta contábil em contrapartida a uma subconta-auxiliar como mecanismo de compatibilização das regras contábil e fiscal em estudo.

- A legislação tributária exige o reconhecimento do ágio pago pelo sócio controlador. A redação do artigo 20 do Decreto-lei perfaz obrigação orientada a todos os contribuintes que adquiram participações avaliadas pelo MEP, sem distinção ou ressalva em relação à forma como o negócio será registrado para fins contábeis. Toda e qualquer aquisição de investimentos avaliados pelo MEP possui, para fins fiscais, o dever de obediência a esse dispositivo;
- Aliás, independentemente desse fato ser interpretado de maneira diversa pela contabilidade (ICPC 09), vale lembrar que para fins fiscais deve prevalecer o conteúdo da legislação tributária, hierarquicamente superior aos atos infralegais que aprovam os documentos emitidos pelo Comitê de Pronunciamentos Contábeis;
- Em igual direção, o caráter especial do art. 20 do Decreto-lei n. 1.598/1977 garante a prevalência dessa norma para fins tributários, lembrando que o § 1º desse artigo expressamente exige o computo do ágio por rentabilidade futura pago pelo adquirente em subconta contábil;
- A ICPC 09 tem como respaldo as normas de elaboração de demonstrações financeiras consolidadas (CPC 36), sendo que no Brasil a técnica de consolidação não tem relevo para fins fiscais; e
- O registro do ágio nestas circunstâncias é ainda confirmado quando se coloca em perspectiva se tratar de efetivo custo incorrido pelo sócio controlador, tendo sido pago justo preço à terceiros independentes (sócios não controladores).

A técnica sugerida, referente à criação de subcontas-auxiliares, é expressamente prevista pela Instrução Normativa RFB n. 1.700/2017 para o controle de outros valores que impactam a apuração do Lucro Real (*e.g.* diferenças de adoção inicial da Lei n. 12.973/2014, arts. 295 e 296, da Instrução Normativa). Propõe-se o emprego dessa metodologia por analogia ao caso em exame, como forma de compatibilização dos regimes fiscal e contábil do ágio em estudo.

4.2 Reconhecimento do Ativo Diferido atrelado ao Ágio Fiscal

Segundo o Pronunciamento Técnico n. 32 (CPC 32), de 17 de julho de 2009, Tributos sobre o Lucro, um ativo fiscal diferido "[...] é o valor do tributo sobre o lucro recuperável em período futuro relacionado a: (a) diferenças temporárias dedutíveis; (b) compensação futura de prejuízos fiscais não utilizados; e (c) compensação futura de créditos fiscais não utilizados."[200]

O objetivo dessa norma contábil é refletir no balanço patrimonial da entidade a existência de elementos que deverão influenciar a apuração das bases de cálculo do IRPJ e da CSLL em exercícios futuros, tais como ajustes temporários realizados nas apurações dos tributos e a constituição ou compensação de saldos de prejuízo fiscal e base negativa da CSLL, para, assim, repercutir o real impacto desses tributos sobre as atividades da companhia em seus livros contábeis, pelo regime de competência.

Nesse sentido, o CPC 32 estabelece que "[...] se o valor contábil do ativo é menor do que a sua base fiscal, a diferença dá

200 CPC 32, item 5.

margem a um ativo fiscal diferido decorrente dos tributos sobre o lucro que devem ser recuperáveis em períodos futuros."[201] Esta parece ser justamente a situação em estudo, pois:

i) a parcela do preço equivalente ao ágio pago pelo sócio controlador foi contabilizada diretamente em conta do patrimônio líquido;

ii) no entanto, embora sob a perspectiva contábil o valor desse ativo seja igual a zero, sob a perspectiva tributária a diferença positiva entre o valor pago e o MEP corresponde a um ágio fiscal, pois esse custo poderá ser futuramente deduzido das bases de cálculo do IRPJ e da CSLL;

iii) assim, estamos diante de situação em que o valor contábil do ativo (neste caso, igual a zero) é menor do que a sua base fiscal, circunstância que justificaria o reconhecimento do ativo diferido equivalente a economia esperada pela amortização fiscal do ágio. É relevante pontuar que, usualmente, o CPC 32 condiciona o reconhecimento do ativo fiscal diferido à comprovação de que a entidade possui perspectiva de geração de lucro tributável contra o qual esse crédito fiscal poderá ser consumido.[202]

Justifica-se, portanto, a contabilização de ativo diferido de IRPJ e CSLL correspondente ao ágio para que o balanço patrimonial do sócio controlador passe a refletir de forma mais adequada a sua realidade econômica, na medida em que o ágio pago na

---

201 CPC 32, itens 25 e 32A.

202 CPC 32, item 24.

aquisição de participação em entidade já controlada representa efetivo crédito passível de aproveitamento em exercícios futuros.

Assim, a contabilização desse ativo diferido, ao lado da constituição de subcontas acompanhadas de subcontas auxiliares, encerra a disciplina de plena compatibilização da regra fiscal, que permite a dedução do custo pago pelo controlador, e a norma contábil.

Conclusões

O objeto desta obra centra-se na interpretação de um mesmo fato de maneiras diferentes pelas normas contábil e fiscal. De acordo com a ICPC 09 não há que se falar no registro do ágio pago pelo sócio controlador como um ativo. No entanto, o artigo 20 do Decreto-lei n. 1.598/1977 reconhece a existência desse mesmo ágio, impondo a sua escrituração em subconta do ativo.

Para resolução dessa aparente contradição entre as referidas normas, de início é relevante estabelecer que um Pronunciamento, Orientação ou Interpretação Técnica do Comitê de Pronunciamentos Contábeis, sozinho, não possui valor jurídico. Os documentos emitidos pelo Comitê só passam a ter força normativa no momento em que, conforme prescrito pelo artigo 10-A, da Lei. n. 6.385/1976, a "[...] Comissão de Valores Mobiliários, o Banco Central do Brasil e demais órgãos e agências reguladoras [...]" celebre convênio adotando "[...] no todo ou em parte, os pronunciamentos e demais orientações técnicas emitidas [...]".

Portanto, o valor jurídico dos documentos emitidos pelo Comitê não reside no documento em si, mas no ato de aprovação desse documento por um determinado órgão ou agência (*e.g.* pelo CFC), no exercício de competência normativa delegada por lei.

Ao CFC, por exemplo, o artigo 6º, alínea "f", do Decreto-lei n. 9.295/1946 delega a competência para "[...] regular acerca dos princípios contábeis, exame de suficiência, cadastro de qualificação técnica e programas de educação continuada e editar Normas Brasileiras de Contabilidade de natureza técnica e profissional." Com suporte nessa competência o CFC expede normativos aprovando documentos emitidos pelo Comitê de Pronunciamentos Contábeis.

Esses normativos, que aprovam CPCs, ICPCs e OCPCs, possuem natureza de ato normativo administrativo, pois elaborados e aprovados por autarquia dotada de personalidade jurídica de direito público, como é o caso do CFC e da CVM. Assim, como exemplo, a eficácia normativa do CPC 15 e da ICPC 09 decorreu da sua aprovação e internalização pela NBC TG 15 e pela ITG 09, ambas expedidas pelo CFC. Isto é, a NBC TG 15 e a ITG 09 são os atos administrativos que conferem status jurídico ao CPC 15 e à ICPC 09.

No entanto, apesar de decorrentes do exercício de competência normativa delegada por lei, os documentos emitidos pelo Comitê de Pronunciamentos Contábeis não decorrem de atividade legislativa. Os CPCs, ICPCs e OCPCs são, por definição, atos administrativos normativos infralegais. Logo, a ICPC 09, embora vincule a escrituração comercial das empresas, é, para fins fiscais, hierarquicamente inferior à Lei n. 12.973/2014 e ao Decreto-lei n. 1.598/1977.

A contradição existente entre a norma contábil e a fiscal corresponde, portanto, a um falso conflito de normas. Sendo a norma fiscal hierarquicamente superior, não há antinomia em relação à ICPC 09, ato notadamente infralegal e que jamais poderia ser aplicado para fins fiscais em detrimento da legislação tributária.

Diferente seria se o artigo 20, do Decreto-lei n. 1.598/1977, após as alterações promovidas pela Lei n. 12.973/2014, fizesse remissão à legislação comercial ou aos atos infralegais que convalidam os documentos emitidos pelo Comitê de Pronunciamentos Contábeis. Porém, não há nada no artigo 20, do Decreto-lei, que faça referência ao conceito de ágio estabelecido pelos documentos emitidos pelo Comitê.

A aplicação do critério da hierarquia neste caso tem como pano de fundo a noção de que, em matéria tributária, impera o princípio da legalidade. Assim, em última análise, é defeso a uma autarquia, a exemplo do CFC, editar ato normativo que modifique as bases de cálculo do IRPJ e da CSLL.

Compartilha-se da ideia de que existem duas disciplinas para desdobramento do preço pago na compra de investimentos avaliados pelo MEP: uma fiscal e outra contábil. Isso implica se ter um tratamento que pode acarretar registro de ágio de acordo com o Decreto-lei n. 1.598/1977 (legislação tributária) e, em algumas situações específicas, outro diferente nos termos do CPC 15 e da ICPC 09 (normas infralegais de natureza contábil).

Por vezes, a aplicação do Decreto-lei n. 1.598/1977 pode coincidir com o tratamento previsto pela norma contábil. Por vezes, não. A situação em exame – ágio pago pelo sócio controlador – ilustra hipótese de uma diferença entre o tratamento contábil e o fiscal, caso em que para fins fiscais deve prevalecer a disciplina contida na legislação tributária, por se tratar de norma hierarquicamente superior aos atos infralegais que aprovam os documentos emitidos pelo Comitê de Pronunciamentos Contábeis.

Adicionalmente, é preciso reconhecer que o critério da especialidade igualmente soluciona a aparente incompatibilidade entre as normas em estudo.

Fenômenos contábeis não podem ser automaticamente importados para o âmbito tributário, devendo necessariamente passar pelos filtros do direito tributário, até porque a tributação é guiada por princípios próprios, a começar pelo da legalidade.

Na situação em tela, em que uma mesma situação é regulada de forma distinta pelo Decreto-lei n. 1.598/1977 (norma fiscal) e pela ICPC 09 (norma contábil), entende-se que a legislação fiscal criou um tipo próprio, existindo figura homônima no direito contábil, mas que não se confunde com a metodologia da lei tributária.

A disciplina apresentada pelo artigo 20 do Decreto-lei serve ao específico propósito de regular como esse custo será amortizado para fins fiscais, não se misturando com os objetivos da norma contábil. Conforme examinado ao longo deste trabalho, o artigo 20 atua como ferramenta para a aplicação da regra geral de dedução fixada no artigo 33 do Decreto-lei (consideração do ágio e da mais-valia de ativos líquidos como custo na apuração do ganho de capital pela realização do investimento), ou como instrumento para aplicação da regra especial, hoje prevista pelos artigos 20 e seguintes da Lei n. 12.973/2014 (dedução do ágio e da mais-valia por ocasião dos eventos de incorporação, fusão ou cisão).

Isto é, a metodologia contida no artigo 20 do Decreto-lei possui um escopo claro e bem definido, cujos efeitos se encerram dentro do ordenamento tributário. É lei específica, e que, portanto, deve prevalecer em relação à sua figura homônima – e infralegal – representada pelo CPC 15 e pela ICPC 09.

Essa conclusão se torna ainda mais verdadeira quando se coloca em perspectiva que as normas contábeis em estudo têm como pano de fundo as normas de elaboração de demonstrações financeiras consolidadas. Ocorre que no Brasil a técnica de consolidação é absolutamente imprestável para fins fiscais. Não existe no ordenamento brasileiro a tributação da renda de grupos econômicos. Os tributos incidem sobre o lucro gerado por cada pessoa jurídica, individualmente. Essa norma jamais poderia influenciar o tratamento fiscal dispensado pelo Decreto-lei n. 1.598/1977 ao ágio legitimamente pago pelo investidor controlador.

Portanto, pelo critério da especialidade – além do critério da hierarquia –, pode-se igualmente concluir que a incompatibilidade das normas em estudo é apenas aparente. Havendo, na verificação de fatos relevantes para a tributação, eventual contradição entre a norma contábil e a tributária, prevalece a tributária. Norma específica prevalece em detrimento da norma geral.

É preciso se ter em conta também que, objetivamente, o contribuinte não teria outra alternativa senão atender ao quanto exigido pelo Decreto-lei n. 1.598/1977. A redação do artigo 20 do Decreto-lei faz uso do verbo "dever", perfazendo uma obrigação orientada a todos os contribuintes que adquiram participações avaliadas pelo MEP. Ao estabelecer essa obrigação, o faz sem distinção ou ressalva em relação à forma como o negócio será registrado para fins contábeis. Portanto, toda e qualquer aquisição de investimentos avaliados pelo MEP possui, para fins fiscais, o dever de obediência a esse dispositivo, sob pena de ter os seus efeitos questionados pela própria RFB.

Nessa linha, relevante comentar que a norma impõe apenas uma condição para aplicação dessa metodologia de desdobramento do custo de aquisição de investimentos, qual seja: o ativo deve ser suscetível à avaliação pelo MEP. Esse é o único requisito da lei. O dever imposto pelo artigo 20 é vinculante aos investimentos avaliados pelo MEP, independentemente do tratamento que será conferido para fins contábeis.

Na verdade, a despeito das reiteradas inovações da legislação tributária sobre o tema, a norma sempre preservou como objetivo central a possibilidade de dedução do custo legitimamente pago na aquisição de participações avaliadas pelo MEP. Uma análise retrospectiva dessa evolução normativa permite aferir que, independentemente da fase histórica ou da metodologia escolhida pelo legislador em um dado momento, o escopo da norma sempre foi o de regular e viabilizar a amortização do ágio ou mais-valia paga.

Portanto, uma interpretação histórica e finalística do Decreto-lei n. 1.598/1977 igualmente justifica a prevalência dessa norma para fins fiscais, independentemente de as Ciências Contábeis dispensarem tratamento diverso ao ágio pago pelo sócio controlador.

Também não há que se falar na qualificação desse ágio como "interno". É sabido que tradicionalmente a Receita Federal entende não ser possível a amortização fiscal do ágio pago em uma transação entre partes relacionadas ("ágio interno"), presumivelmente por não ter sido fruto de um processo imparcial de valoração, num ambiente de livre mercado. No entanto, esse conceito não se aplica em uma operação realizada entre o sócio controlador e os não controladores.

A recente jurisprudência administrativa – notadamente o Acórdão n. 1201.002.247/Credit Suisse do Brasil, e Acórdão n. 1302-001.404/Nokia do Brasil - ensina que:

i) A existência de controle majoritário, acompanhado da participação de terceiros e presença de acionistas minoritários independentes, afasta a caracterização de ágio interno, tendo em vista que o fato de as partes participarem conjuntamente de um empreendimento não as torna dependentes entre si; e

ii) O ágio pago pelo acionista controlador é passível de ser amortizado para fins fiscais.

Essas exatas conclusões se aplicam à situação em exame, em que o controlador adquire participação em entidade já controlada. Partindo da premissa de que o alienante não-controlador não é parte vinculada ao adquirente controlador, mas integrante de grupo empresarial distinto e independente, não há que se cogitar de qualificação do eventual ágio pago como "interno".

Adicionalmente, o artigo 25, da Lei n. 12.973/2014, expressamente elencou as hipóteses em que o ágio pago é considerado como "interno", isto é, decorrente de uma operação entre partes dependentes. A Lei, ao definir o conceito de "partes dependentes", não traz a hipótese de uma sócia (controladora ou não) adquirir a participação societária da outra. O artigo 25 é uma norma taxativa (*numerus clausus*) que elenca as situações em que deve ser aplicada a norma antielisiva. Nenhuma das hipóteses listadas na lei se aplicam à operação transacionada em que o controlador adquire participação adicional em controlada. Por mais este fundamento o ágio pago não deve ser entendido como "interno".

Por essas razões conclui-se ser possível o registro e amortização do ágio pago pelo sócio controlador para fins fiscais, sendo, por fim, necessária a identificação de mecanismos para a sua escrituração e controle, já que, na contabilidade, esse ágio não constará no balanço patrimonial do adquirente como um ativo.

A legislação tributária determina que o ágio seja registrado em subcontas distinta do investimento avaliado pelo MEP. A criação da subconta pressupõe a realização de um ajuste de natureza contábil. Ocorre que essa exigência da norma fiscal entra em conflito direto com os critérios contábeis aplicáveis, que demandam a contabilização do ágio pago pelo controlador em conta de patrimônio líquido.

Considerando as particularidades do caso em estudo, vislumbra-se que a forma mais adequada de atendimento à exigência fiscal é proceder à escrituração contábil da subconta tendo como contrapartida a criação de subconta auxiliar, para que se preserve a integridade do patrimônio da companhia. Dessa forma, se estará atendendo à obrigação legal de criação das subcontas sem que se altere indevidamente o patrimônio do controlador adquirente.

Essa técnica – criação de subcontas auxiliares – é expressamente prevista pela Instrução Normativa RFB n. 1.700/2017 para o controle de outros valores que impactam a apuração do Lucro Real (*e.g.* diferenças de adoção inicial da Lei n. 12.973/2014), podendo ser empregada em analogia ao caso em exame como forma de compatibilização dos regimes fiscal e contábil do ágio em estudo.

Adicionalmente, o sócio controlador também poderá avaliar a pertinência de constituição, com suporte no CPC 32, de um ativo diferido relativamente ao ágio pago. Isto porque, embora sob a perspectiva contábil o valor do ágio não seja representado no grupo de ativos do contribuinte, sob a ótica tributária o eventual sobrepreço pago pelo controlador poderá ser futuramente deduzido das bases de cálculo do IRPJ e da CSLL, circunstância que justificaria o reconhecimento do ativo diferido equivalente a economia esperada pela amortização fiscal desse valor.

A contabilização desse ativo diferido, ao lado da constituição de subcontas acompanhadas de subcontas auxiliares, encerra a disciplina de plena compatibilização da regra fiscal, que permite a dedução do custo legitimamente pago pelo controlador, e a norma contábil.

Referências Bibliográficas

AMARO, Luciano. *Direito tributário brasileiro*. 15. ed. São Paulo: Saraiva, 2009.

ANDRADE FILHO, Edmar Oliveira. O regime jurídico tributário da mais-valia sobre investimentos e do ágio por rentabilidade futura na vigência da Lei nº 12.973/14. In: ROCHA, Sergio André (Coord.). *Direito tributário, societário e a reforma da Lei das S/A*: desafios da neutralidade e a Lei nº 12.973/2014. São Paulo: Quartier Latin, 2015. v. 4. p. 135-152.

ARAGÃO, Paulo Cezar; ROCHA, Sergio André. Alteração dos padrões contábeis brasileiros: a neutralidade fiscal transitória, "deslegalização" da contabilidade e o princípio da legalidade tributária. In: ROCHA, Sergio André (Coord.). *Direito tributário, societário e a reforma da Lei das S/A*: alterações das Leis nº 11.638/07 e nº 11.941/09. São Paulo: Quartier Latin, 2010. v. 2. p. 495-512.

ÁVILA, Humberto. Notas sobre o novo regime jurídico do ágio. In: MOSQUERA, Roberto Quiroga; LOPES, Alexsandro Broedel (Coord.). *Controvérsias jurídico-contábeis (aproximações e distanciamentos)*. São Paulo: Dialética, 2014. v. 5. p. 149-159.

BARRETO, Paulo Ayres. Amortização do ágio: limites normativos. In: MANEIRA, Eduardo; SANTIAGO, Igor Mauler (Coord.). *O ágio no direito tributário e societário*: questões atuais. São Paulo: Quartier Latin, 2015. p. 317-337.

BARRETO, Paulo Ayres. *Elisão tributária*: limites normativos. 2008. 288 f. Tese (Livre Docência) – Faculdade de Direito, Universidade de São Paulo, São Paulo, 2008.

BATISTON, Renato Reis. Reconhecimento de ágio em operações de aquisição de participação societária adicional por controlador. In: ROCHA, Sergio André (Coord.). *Direito tributário, societário e a reforma da Lei das S/A*: controvérsias após a Lei nº 12.973. São Paulo: Quartier Latin, 2018. v. 5. p. 453-465.

BENTO, Sergio. Tratamento tributário do ágio. In: VIEIRA, Marcelo Lima; CARMIGNANI, Zabetta Macarini; BIZARRO, André Renato (Coord.). Lei 12.973/14: novo marco tributário: padrões internacionais de contabilidade. São Paulo: Quartier Latin, 2015. p. 123-156.

BIANCO, João Francisco. Aparência econômica e natureza jurídica. In: MOSQUERA, Roberto Quiroga; LOPES, Alexsandro Broedel (Coord.). *Controvérsias jurídico-contábeis (aproximações e distanciamentos).* São Paulo: Dialética, 2010. p. 174-184.

BIFANO, Elidie Palma. Contabilidade e direito: a nova relação. In: MOSQUERA, Roberto Quiroga; LOPES, Alexsandro Broedel (Coord.). *Controvérsias jurídico-contábeis (aproximações e distanciamentos).* São Paulo: Dialética, 2010. p. 116-137.

BIFANO, Elidie Palma. As novas normas de convergência contábil e seus reflexos para os contribuintes. In: MOSQUERA, Roberto Quiroga; LOPES, Alexsandro Broedel (Coord.). *Controvérsias jurídico-contábeis (aproximações e distanciamentos).* São Paulo: Dialética, 2011. v. 2. p. 51-68.

BIFANO, Elidie Palma. Novos aspectos do direito contábil: Lei nº 11.638/2007, suas alterações e variações sobre a interpretação da norma contábil. In: ROCHA, Sergio André (Coord.). *Direito tributário, societário e a reforma da Lei das S/A*: desafios da neutralidade tributária e do direito societário. São Paulo: Quartier Latin, 2012. v. 3. p. 155-177.

BIFANO, Elidie Palma. Influência do tratamento contábil nas novas regras de tributação. In: MOSQUERA, Roberto Quiroga; LOPES, Alexsandro Broedel (Coord.). *Controvérsias jurídico-contábeis (aproximações e distanciamentos).* São Paulo: Dialética, 2014. v. 5. p. 77-100.

BOBBIO, Norberto. *Teoria do ordenamento jurídico.* Tradução Tércio Sampaio Ferraz Júnior. 6. ed. Brasília: Ed. UnB, 1995.

CARVALHO, Paulo de Barros. *Direito tributário*: linguagem e método. 2. ed. São Paulo: Noeses, 2008.

CARVALHO, Paulo de Barros. *Curso de direito tributário.* 23. ed. São Paulo: Saraiva, 2011.

CARVALHOSA, Modesto. *Comentários à Lei de Sociedades Anônimas*: Lei n. 6.404, de 15 de dezembro de 1976, com as modificações da Lei n. 9.457, de 5 de maio de 1997. São Paulo: Saraiva, 1998. v. 4. t. 2.

DIAS, Karem Jureidini. O ágio e a intertextualidade normativa. In: MOSQUERA, Roberto Quiroga; LOPES, Alexsandro Broedel (Coord.). *Controvérsias jurídico-contábeis (aproximações e distanciamentos).* São Paulo: Dialética, 2011. v. 2. p. 86-106.

FONSECA, Fernando Daniel de Moura. *Normas tributárias e a convergência das regras contábeis internacionais.* 2. ed. Rio de Janeiro: Lumen Juris, 2015.

GALHARDO, Luciana Rosanova; LOPES JUNIOR, Jorge Ney de Figueirêdo. As novas normas contábeis e a amortização fiscal de ágio. In: MOSQUERA, Roberto Quiroga; LOPES, Alexsandro Broedel (Coord.). *Controvérsias jurídico-contábeis (aproximações e distanciamentos)*. São Paulo: Dialética, 2010. p. 216-240.

GELBCKE, Rubens et al. *Manual de contabilidade societária*: aplicável a todas as sociedades: de acordo com as normas internacionais e do CPC. 3. ed. São Paulo: Atlas/FIPECAFI, 2018.

GRECO, Marco Aurélio. O planejamento tributário e o Novo Código Civil. In: BORGES, Eduardo de Carvalho (Coord.). *Impacto tributário do Novo Código Civil*. São Paulo: Quartier Latin, 2004. p. 133 ss.

HADDAD, Gustavo Lian; PAES, Gustavo Duarte. O ágio por expectativa de rentabilidade futura na Lei 12.973 e o *goodwill* na combinação de negócios: aproximações e distanciamento. In: MOSQUERA, Roberto Quiroga; LOPES, Alexsandro Broedel (Coord.). *Controvérsias jurídico-contábeis (aproximações e distanciamentos)*. São Paulo: Dialética, 2015. v. 6. p. 246-272.

HIGUCHI, Hiromi. *Imposto de renda das empresas*: atualizado até 15-02-2017. [S.l.]: [s.n.], [2017]. Disponível em: <http://www.ibdt.org.br/material/arquivos/Biblioteca/IR2017.pdf>. Acesso em: 30 mar. 2022.

IUDÍCIBUS, Sérgio de. *Teoria da Contabilidade*. 8. ed. São Paulo: Atlas, 2006.

LOPES, Alexsandro Broedel; MARTINS, Eliseu. Do ágio baseado em expectativa de rentabilidade futura: algumas considerações contábeis. In: MOSQUERA, Roberto Quiroga; LOPES, Alexsandro Broedel (Coord.). *Controvérsias jurídico-contábeis (aproximações e distanciamentos)*. São Paulo: Dialética, 2012. v. 3. p. 33-80.

LOPES, Alexsandro Broedel; MOSQUERA, Roberto Quiroga. O direito contábil: fundamentos conceituais, aspectos da experiência brasileira e implicações. In: MOSQUERA, Roberto Quiroga; LOPES, Alexsandro Broedel (Coord.). *Controvérsias jurídico-contábeis (aproximações e distanciamentos)*. São Paulo: Dialética, 2010. p. 56-81.

MARTINS, Eliseu et al. *Goodwill*: uma análise dos conceitos utilizados em trabalhos científicos. *Contabilidade & Finanças*, São Paulo, v. 21, n. 52, p. 1-25, 2010. Disponível em: <http://www.scielo.br/pdf/rcf/v21n52/v21n52a05.pdf>. Acesso em: 30 mar. 2022.

MARTINS, Eliseu. *Iniciação à equivalência patrimonial considerando algumas regras novas da CVM*. São Paulo: IOB Informações Objetivas, 1997.

MARTINS, Eliseu; COSTA JÚNIOR, Jorge Vieira da. A incorporação reversa com ágio gerado internamente: consequências da elisão fiscal sobre a contabilidade. In: CONGRESSO USP INICIAÇÃO CIENTÍFICA EM CONTABILIDADE, 4., 2004, São Paulo. *Anais...* São Paulo: EAC/FEA/USP, 2004. Não paginado. Disponível em: <https://congressousp.fipecafi.org/anais/artigos42004/13.pdf>. Acesso em: 30 mar. 2022.

MARTINS, Eliseu; COSTA JÚNIOR, Jorge Vieira da. Operações de combinação de negócios: a incorporação reversa com ágio gerado internamente (1ª Parte). *IOB Temática Contábil e Balanços*, São Paulo, v. 38, n. 27, p. 1-8, 2004.

MARTINS, Eliseu; IUDÍCIBUS, Sérgio de. Intangível: sua relação contabilidade/direito: teoria, estruturas conceituais e normas – problemas fiscais de hoje. In: MOSQUERA, Roberto Quiroga; LOPES, Alexsandro Broedel (Coord.). *Controvérsias jurídico-contábeis (aproximações e distanciamentos).* São Paulo: Dialética, 2011. v. 2. p. 69-87.

MARTINS, Natanael. A Lei 12.973/2014 e o novo tratamento tributário dado às operações de combinação de negócios: pronunciamento Técnico CPC 15. In: MOSQUERA, Roberto Quiroga; LOPES, Alexsandro Broedel (Coord.). *Controvérsias jurídico-contábeis (aproximações e distanciamentos).* São Paulo: Dialética, 2015. v. 6. p. 467-490.

MARTINS, Natanael. A realização da renda como pressuposto de sua tributação: análise sobre a perspectiva da nova contabilidade e do RTT. In: MOSQUERA, Roberto Quiroga; LOPES, Alexsandro Broedel (Coord.). *Controvérsias jurídico-contábeis (aproximações e distanciamentos).* São Paulo: Dialética, 2010. p. 346-370.

MEDAUAR, Odete. *Direito administrativo moderno.* 21. ed. rev. atual. e ampl. Belo Horizonte: Fórum, 2018.

NEDER, Marcos Vinicius. A prevalência da substância sobre a forma nos planejamentos tributários: um falso dilema. In: MOSQUERA, Roberto Quiroga; LOPES, Alexsandro Broedel (Coord.). *Controvérsias jurídico-contábeis (aproximações e distanciamentos).* São Paulo: Dialética, 2010. p. 326-345.

NEDER, Marcos Vinicius; SARAIVA, Telírio Pinto. Contribuição para o PIS/Pasep e COFINS e o ganho por compra vantajosa. In: GODOI, Marciano Seabra de; ROCHA, Sergio André (Org.). *Planejamento tributário*: limites e desafios concretos. Belo Horizonte: D'Plácido, 2018. p. 335-351.

OLIVEIRA, Ricardo Mariz de. *Fundamentos do Imposto de Renda*. São Paulo: Quartier Latin, 2008.

OLIVEIRA, Ricardo Mariz de. A tributação da renda e sua relação com os princípios contábeis geralmente aceitos. In: MOSQUERA, Roberto Quiroga; LOPES, Alexsandro Broedel (Coord.). *Controvérsias jurídico-contábeis (aproximações e distanciamentos)*. São Paulo: Dialética, 2010. p. 398-417.

OLIVEIRA, Ricardo Mariz de. Os vários caminhos da Lei nº 12.973: cuidados na sua interpretação. In: ROCHA, Sergio André (Coord.). *Direito tributário, societário e a reforma da Lei das S/A*: desafios da neutralidade e a Lei nº 12.973/2014. São Paulo: Quartier Latin, 2015. v. 4. p. 472-499.

SANTOS, Ariovaldo dos; MACHADO, Itamar Miranda. Investimentos avaliados pelo método da equivalência patrimonial: erro na contabilização de dividendos quando existem lucros não realizados. *Revista Contabilidade & Finanças*, São Paulo, v. 16, n. 39, p. 7-19, 2005. Disponível em: <http://www.scielo.br/pdf/rcf/v16n39/v16n39a02.pdf>. Acesso em: 30 mar. 2022.

SANTOS, João Victor Guedes. Direito tributário e justaposição: a contabilidade societária e os limites à neutralidade fiscal. In: MOSQUERA, Roberto Quiroga; LOPES, Alexsandro Broedel (Coord.). *Controvérsias jurídico-contábeis (aproximações e distanciamentos)*. São Paulo: Dialética, 2010. p. 185-215.

SARAIVA, Telírio Pinto; BIFANO, Elidie Palma, Disciplinas de realização do ágio e o art. 65 da Lei nº 12.973/14: interpretando a norma de transição; FGV Direito SP Research Paper Series n. TL014 (2019). Disponível em: <https://ssrn.com/abstract=3332784>. Acesso em: 30 mar. 2022.

SCHOUERI, Luís Eduardo. *Ágio em reorganizações societárias*: aspectos tributários. São Paulo: Dialética, 2012.

SCHOUERI, Luís Eduardo; TERSI, Vinicius Feliciano. As inter-relações entre a contabilidade e o direito: atender ao RTT significa obter neutralidade tributária? In: MOSQUERA, Roberto Quiroga; LOPES, Alexsandro Broedel (Coord.). *Controvérsias jurídico-contábeis (aproximações e distanciamentos)*. São Paulo: Dialética, 2011. v. 2. p. 107-150.

TAKATA, Marcos Shigueo. A conexão da contabilidade com o direito tributário: direito contábil e direito tributário. In: MOSQUERA, Roberto Quiroga; LOPES, Alexsandro Broedel (Coord.). *Controvérsias jurídico-contábeis (aproximações e distanciamentos)*. São Paulo: Dialética, 2010. p. 287-325.

TÔRRES, Heleno Taveira. *Direito tributário e direito privado*: autonomia privada, simulação, elusão tributária. São Paulo: Revista dos Tribunais, 2003.

TÔRRES, Heleno Taveira. Juros sobre capital próprio: autonomia privada nos investimentos societários e suas implicações em matéria tributária. In: ASSOCIAÇÃO BRASILEIRA DE DIREITO TRIBUTÁRIO. *Revista Internacional de Direito Tributário*. Belo Horizonte: Del Rey, 2006. v. 5. p. 33-92.